Petra Altmann

Starke Frauen
aus dem Kloster

Zehn Ordensschwestern im Porträt

Präsenz

Bibliografische Information der Deutschen Bibliothek
Die Deutsche Bibliothek verzeichnet diese Publikation in der
Deutschen Nationalbibliografie; detaillierte bibliografische
Daten sind im Internet über http://dnb.ddb.de abrufbar.

© 2011 Präsenz Kunst & Buch
Gnadenthal, 65597 Hünfelden
Alle Rechte vorbehalten

Umschlaggestaltung: Gesine Beran, Sant' Angelo Romano
Druck: CPI-Ebner & Spiegel GmbH, Ulm

ISBN: 978-3-87630-213-3
www.praesenz-verlag.de

Inhalt

Vorwort

Starke Frauen aus dem Kloster – die Idee zu diesem Buch
kam mir bei meinen zahlreichen Besuchen in Frauen-
konventen. Dort traf ich über Jahre viele Ordensschwestern, die Beachtliches leisten, aber von dem, was sie
auf die Beine gestellt hatten und bewegten, nicht viel
Aufhebens machten. Im Gegenteil. Wenn ich manchmal
Gesprächspartnerinnen für Interviews suchte, hieß
es hin und wieder: „Wieso ich? Ich mache doch nichts
Besonderes, sondern nur meine Arbeit." Manchmal folgte
dann auch ein Hinweis, man solle es doch bei „Abt X" oder
„Pater Y" versuchen, die hätten Erfahrung mit Medien. Es
gab auch Fälle, da wäre die angesprochene Ordensfrau
bereit gewesen, sich öffentlich zu äußern, musste dann
aber noch die Erlaubnis ihrer Oberin oder Äbtissin ein-
holen. Und daran scheiterte es dann unter Umständen.
Bei den Mönchen war es meist anders. Sie gehen in der
Regel viel bereitwilliger an die Öffentlichkeit und entscheiden oft auch ohne Rücksprache, ob sie Interviews
geben, in Hörfunksendungen gehen oder im Fernsehen
auftreten.
Die Ordenswelt ist für die breite Öffentlichkeit auch heute
noch vielfach ein Buch mit sieben Siegeln, eine hinter
Klostermauern verborgene, verschlossene Welt. Ordensleute werden oft nur in ihrer Funktion wahrgenommen.
Wenn überhaupt, sind es die männlichen Ordensmitglieder, die in der Öffentlichkeit präsent sind.
So ist vielfach der Eindruck entstanden, Ordensfrauen
wirkten nur im Verborgenen, widmeten sich unablässig
dem Gebet und kontemplativen Tätigkeiten, wie dem Herstellen von Stickereien, Kerzen oder Oblaten. Die Wirklich-
keit sieht ganz anders aus.

Dieses Buch zeigt viele überraschende Eindrücke aus dem Innenleben klösterlicher Frauengemeinschaften.

In zahlreichen, vielstündigen Gesprächen lernte ich faszinierende, selbstbewusste Frauen in ihren Klöstern und an ihren Wirkungsstätten kennen. Frauen, die Erstaunliches bewirken. Managerinnen, Missionarinnen, Frauenrechtlerinnen, Pädagoginnen, Bauspezialistinnen, Gästebetreuerinnen, Gesprächsbegleiterinnen und in der Gemeindearbeit Engagierte. Es sind Weltenbummlerinnen mit ständig wechselnden Wirkungsstätten ebenso dabei wie Frauen, die beständig von einem Ort aus ihre Arbeit leisten. Ihre Positionen sind mit denen von Manager- oder Vorstandsposten in der freien Wirtschaft vergleichbar. Aber sie transportieren andere Inhalte.

Diese Frauen haben keinen Achtstundentag. Sie sind immer im Dienst, wie mir eine meiner Gesprächspartnerinnen sagte. Sie verlassen abends nicht ihr Büro, um nach Hause zu gehen, sondern leben in der Regel dort, wo sie arbeiten. Ihr Leben ist die Arbeit, ihr Lebensumfeld ist das Kloster oder die schwesterliche Wohngemeinschaft. In den Leitungsfunktionen, die viele der hier vorgestellten Klosterfrauen innehaben, tragen sie auch Verantwortung für ihre Mitschwestern. Und dies bezeichneten viele meiner Gesprächspartnerinnen als ihre wichtigste Aufgabe.

Die von mir porträtierten zehn Ordensfrauen stehen stellvertretend für viele andere starke Frauen aus dem Kloster. In den intensiven, sehr offenen Gesprächen kamen gelegentlich auch Dinge zutage, von denen meine Gesprächspartnerinnen nicht wünschten, dass sie an die Öffentlichkeit gelangen sollten. So sind sehr persönliche und intime Porträts entstanden. Die Schwestern haben mir uneingeschränktes Vertrauen geschenkt und sich auch so manches Problem von der Seele geredet, wie in den Gesprächen zum Ausdruck kommt. Für dieses Vertrauen bedanke ich mich sehr. Für mich waren alle Begegnungen außerordentlich bereichernd.

Die Lebenswege dieser Klosterfrauen sind nicht so geradlinig, wie man vielleicht vermuten würde. Alle hatten ihre eigenen Schwierigkeiten auf dem Weg ins Kloster und müssen auch heute noch in der Ordensgemeinschaft so manche Hürden überwinden.

Trotz unterschiedlicher Biografien, unterschiedlichen Alters und verschiedener Lebensumstände gibt es bei vielen meiner Gesprächspartnerinnen doch Gemeinsamkeiten: Stress im Alltag, das Problem, Gebets- und Meditationszeiten im Tagesablauf unterzubringen, hin und wieder Reibungsverluste in der Gemeinschaft und Zukunftssorgen. Ein beschauliches, zurückgezogenes Leben führt keine von ihnen.

Die Porträts zeigen aber auch, dass diese Ordensfrauen sich nicht selbstgenügsam verstecken, sondern große Verantwortung für unsere gesamte Gesellschaft übernehmen. Ohne ihren Einsatz wäre unsere Welt ärmer. Diese starken Frauen aus dem Kloster kümmern sich beispielsweise um Kinder, Jugendliche, alte Menschen, misshandelte Frauen, Menschen mit Behinderung und viele andere, die in unserer Gesellschaft benachteiligt sind. Was ihnen allen gemeinsam ist: Keine einzige hat rückblickend ihren Lebensweg bereut.

Ihrem Einsatz gilt unser Dank.
Ihre Petra Altmann

Generaloberin
Sr. Lintrud Funk

Barmherzige Schwestern vom hl. Vinzenz von Paul, Untermarchtal

Hilfsbereit, heiter und sehr gesellig

Generaloberin Sr. Lintrud Funk, Barmherzige
Schwestern vom hl. Vinzenz von Paul, Untermarchtal

Ihr Terminkalender ist dicht gefüllt. Eigentlich wollte Sr. Lintrud in
den Stunden vor unserem Gespräch ihre Stapel auf dem Schreibtisch zügig abarbeiten. Aber dann kam es doch ganz anders. Drei
unerwartete Anrufe beschäftigten die Generaloberin der Untermarchtaler Vinzentinerinnen eine geraume Zeit. Zunächst meldete
sich die Oberin einer Niederlassung Untermarchtals und berichtete
von einer Mitschwester, die psychisch erkrankt ist. „Wir müssen
dringend schauen, dass sie stationär behandelt wird und ihr so am
besten geholfen werden kann", erklärt Sr. Lintrud besorgt.
Dann kam der Anruf einer Schwester, die berichtete, dass sie an
ihrem jetzigen Arbeitsplatz sehr unglücklich sei und gern an eine
andere Stelle versetzt würde. „Es muss sich da eine Lösung finden
lassen", sagt die Generaloberin.
Und schließlich ein dritter Anruf: „Eine Mitschwester, die sich
seit vielen Jahren über die Maßen in unserer Mission in Tansania
einbringt und mehrfach an Malaria erkrankt war, braucht dringend
Erholung. Sie hat Burn-out. Ich muss heute noch regeln, dass sie
so bald wie möglich nach Deutschland zurückkommen kann." Den
Flug wird Sr. Lintrud am späten Nachmittag buchen lassen und
sich dann auch um die beiden anderen Fälle kümmern. Normalerweise hätte sie das gleich in die Hand genommen. Wenn wir nicht
verabredet gewesen wären.

Sr. Lintrud Funk

Ein ganz normaler Vormittag? Wenn Sr. Lintrud in ihrem Büro ist, passiert es schon häufig, dass sich die Mitschwestern mit ihren Problemen an sie wenden. „Es ist mir sehr wichtig, für jede immer ansprechbar zu sein. Manchmal wird bemängelt, dass ich keine festen Sprechzeiten einrichte. Aber das möchte ich nicht. Wenn eine Mitschwester ein Problem hat, kann sie in der Regel sofort kommen, denn ich weiß ja nicht, ob dieses Problem am nächsten Tag für sie noch akut ist, ob sie dann noch in der Lage ist, darüber zu sprechen." Um Versetzungen beispielsweise kümmert sich Sr. Lintrud zunächst persönlich und fragt dann auch nach einer Weile nach, wie es der Mitschwester am neuen Einsatzort geht. Wenn sie so etwas aus Zeitgründen nicht mehr schafft, bedrückt das die Ordensfrau enorm.

Dabei ist Zeit für Sr. Lintrud ein knappes Gut. Als Generaloberin der Barmherzigen Schwestern von Untermarchtal ist sie verantwortlich für 392 Mitschwestern in 35 Niederlassungen in der Diözese Rottenburg-Stuttgart, für 210 afrikanische Mitschwestern in der Mission in Tansania sowie rund 5000 weltliche Mitarbeiter, die in den Betrieben der Kongregation angestellt sind.

Gut und gern kann man die Position der Generaloberin mit dem Posten eines Vorstandsvorsitzenden in einem mittelständischen Unternehmen vergleichen. Auch wenn Sr. Lintrud diesen Vergleich nicht so schätzt.

Zu den Unternehmen der Schwestern gehören Einrichtungen wie das Marienhospital in Stuttgart, die Reha-Kliniken sowie das Thermalbad in Bad Ditzenbach und eine psychiatrische Klinik in Rottenmünster mit drei Tageskliniken; darüber hinaus Seniorenzentren in Leutkirch, Wangen, Schwäbisch Gmünd, eine Schule für Hörgeschädigte in Schwäbisch Gmünd sowie eine Kindertagesstätte und ein Kindergarten in derselben Gemeinde, der Kindergarten in Untermarchtal, dort auch das Pflege- u. Wohnheim Maria Hilf;

zudem die Betriebe des Mutterhauses Untermarchtal – Landwirtschaft, Metzgerei, Bäckerei und Klosterladen.
Allein die Betriebe des Mutterhauses haben einen Jahresumsatz von rund 14 Millionen Euro.

Wie der Tagesablauf einer Ordensfrau in einer solchen Position wohl aussehen mag, frage ich mich. Sr. Lintrud lässt mich einen Blick auf die Termine des nächsten Tages werfen:

- 10 h Einführung in ein neues Buchhaltungssystem beim Online-Banking
- 13 bis 15 h Generalratssitzung
- 15 h Vorstellung eines neuen technischen Leiters für die Betriebe des Mutterhauses in Untermarchtal
- Am Abend – wie üblich – wichtige Telefonate, Mail- und Postbearbeitung

An vielen Tagen kommen Abendtermine und Besprechungen außer Haus hinzu. Und natürlich die täglichen Gebetszeiten nicht zu vergessen.

Zu den Unternehmen der Untermarchtaler Schwestern gehören gemeinnützige GmbHs mit angestellten Geschäftsführern, die an Sr. Lintrud und den Verwaltungsrat berichten. Sie kommen einmal monatlich zum Jour fixe nach Untermarchtal. Zweimal jährlich ist Gesellschafterversammlung. Die Oberinnen oder verantwortlichen Schwestern der 35 anderen Konvente, die zum Mutterhaus gehören, berichten ebenfalls an die Generaloberin. Darüber hinaus stehen sie mit ihr im telefonischen oder E-Mail-Kontakt. „Sie sollen selbstständig arbeiten können und bekommen dafür ihr Verfügungsgeld, mit dem sie ihre üblichen Ausgaben bestreiten müssen. Nur in besonderen Fällen, wenn eine Schwester beispielsweise einmal eine außergewöhnliche Fort- oder Weiterbildungsveranstaltung oder eine Wallfahrt machen

Sr. Lintrud Funk im 2. Schuljahr in Heilbronn

möchte, wird das Okay vom Mutterhaus eingeholt", erläutert
Sr. Lintrud.

Zu ihren weiteren Aufgaben gehören etwa alle 14 Tage stattfindende
Generalratssitzungen. Der Generalrat besteht neben Sr. Lintrud aus
dem Superior sowie vier Generalrätinnen. Das sind Mitschwestern, die vom Generalkapitel – also der Vollversammlung aller
Schwestern – gewählt werden. Der Superior ist der Beauftragte des
Bischofs gegenüber der Gemeinschaft und auch als Hausgeistlicher
tätig. Der Generalrat trifft beispielsweise Entscheidungen zu Ein-

sätzen oder Versetzungen von Schwestern oder auch zu Bauvorhaben in den einzelnen Einrichtungen.

Ein weiteres, regelmäßig tagendes Gremium ist der Verwaltungsrat. An seinen Sitzungen nimmt auch die Generalökonomin teil, sozusagen die Finanzchefin des Ordens.
Bei der Besetzung von Führungspositionen in den Unternehmen der Schwestern werden die Kandidaten, die in die engste Auswahl gekommen sind, zum Vorstellungsgespräch nach Untermarchtal eingeladen. Demnächst wird beispielsweise ein Chefarztposten im Stuttgarter Marienhospital neu besetzt. Drei Bewerber werden sich dem Verwaltungsrat präsentieren. Vorab erhalten Sr. Lintrud und der Verwaltungsrat deren Unterlagen. Die fachliche Qualifikation haben die Geschäftsführung und das Ärztekollegium in Stuttgart bereits geprüft. In Untermarchtal richtet man sein Hauptaugenmerk daher auf andere Dinge: „Die Kandidaten müssen selbst christliche Werte leben", erläutert Sr. Lintrud, „sie müssen sich identifizieren mit einer christlichen Einrichtung und sozial eingestellt sein. Nach Möglichkeit sollten sie katholisch sein, aber das ist nicht Bedingung. Wichtig ist uns der Umgang mit den Mitarbeitern. Uns geht es vor allem um die menschlichen Werte und die innere Überzeugung der Menschen, die bei uns arbeiten. Im Verwaltungsrat entscheiden wir dann gemeinsam, wen wir einstellen."

Zu den Aufgaben der Generaloberin gehören auch die regelmäßigen Visitationen der 35 Niederlassungen. Mindestens zweimal sollte jeder Konvent innerhalb der sechsjährigen Amtszeit besucht werden. Viele Besuche stehen noch aus: „Das müsste ich eigentlich ganz dringend machen, die Mitschwestern warten auch darauf. In die großen Konvente komme ich eher mal, beispielsweise zu Feierlichkeiten, Jubiläen oder Verabschiedungen, aber bisher leider selten in die kleinen."

Sr. Lintrud Funk

Dies sind nur einige Aspekte ihres vielfältigen Aufgabenbereichs. Womit Sr. Lintrud derzeit am häufigsten beschäftigt ist? Im Moment gibt es sehr viele Organisationsentwicklungsprozesse im Mutterhaus, das kostet viel Zeit, die sie eigentlich brauchte, um sich um ihre Mitschwestern zu kümmern: „Manchmal habe ich das Gefühl, an meine Grenzen zu geraten. Nämlich dann, wenn ich meiner wichtigen Aufgabe nicht mehr nachkommen kann, nach den Mitschwestern zu schauen. Wenn mich die Verwaltungs- aufgaben so auffressen, dann ist mir nicht mehr ganz wohl. Dann merke ich schon, dass mir das was ausmacht. Das sind Dinge, die mich belasten. Die Arbeit selbst dagegen gar nicht."

Wie sieht ein normaler Tagesablauf dieser Managerin im Ordens- gewand eigentlich aus?, frage ich mich.
Sr. Lintrud steht üblicherweise um 4.55 h auf. Samstags und sonn- tags kann sie bis 5.55 h „ausschlafen". Nach einem persönlichen Gebet geht sie zur Laudes, dem gemeinschaftlichen Morgengebet, in die Kirche. Danach ist Gottesdienst, anschließend wird gefrüh- stückt. Gegen 8 h beginnt der Arbeitstag.
Um 12 h treffen sich die Schwestern wieder zum Gebet und essen dann gemeinsam zu Mittag. Zwischen 13 und 14 h wäre eigent- lich die klösterliche Ruhezeit; Sr. Lintrud gönnt sich aber nur am Sonntag eine kurze Siesta. Bis zum Abendessen um 18 h ist sie erneut eingespannt. Um 19 h findet die Vesper, das Abendgebet, in der Klosterkirche statt. Sie läutet das Ende des Arbeitstags ein. Eigentlich. Jedoch nicht für die Generaloberin: „Ich bin in der Regel jeden Abend im Büro anzutreffen. Bearbeite meine Post und führe Telefongespräche, die länger dauern. Gegen 23 h gehe ich dann Richtung Bett."
Gestern Abend hat sie beispielsweise zuerst die Post der letzten Tage durchgeschaut, Rechnungen sortiert und immer wieder Unterlagen gefunden, deren Bearbeitung keinen Aufschub dulden. Und sie hat

noch einige wichtige Telefonate geführt. Im Bett lag sie dann erst um 0.30 h.

Eigentlich würde man bei einer Frau mit einer solchen Aufgaben-fülle einen Stab an Assistenten erwarten. Nicht so bei Sr. Lintrud. Eine Mitschwester unterstützt sie als Sekretärin. Diese ist bereits 78. „Eine super Frau, die das schon jahrelang macht. Sie schreibt beispielsweise neben vielen anderen Dingen die Totenbriefe für verstorbene Mitschwestern, die Infobriefe bei Jubiläen, die Chro-nik und verwaltet das Archiv." Grußworte oder Ansprachen, die Sr. Lintrud häufig halten muss, formuliert sie selbst.

Darüber hinaus gibt es die Generalvikarin, die Sr. Lintrud als Assis-tentin zur Seite steht. Sie ist auch deren offizielle Vertretung und übernimmt Termine und Korrespondenzen für die Generaloberin.

Neben den Tätigkeiten im Mutterhaus selbst ist Sr. Lintrud sehr viel unterwegs, fährt zu Einweihungen, Jubiläen, Visitationen, Ver-abschiedungen oder zu Versetzungen. Etwa 10 000 km bringt sie

Sr. Lintrud Funk beim Besuch der Mission der Vinzentinerinnen von Untermarchtal in Tansania 2010

Sr. Lintrud Funk

im Jahr zusammen, sitzt im Normalfall selbst am Steuer und fährt auch ganz gern alleine. Dann kann sie die Musik hören, die sie mag, zum Beispiel Elvis Presley.

Wie viele Arbeitsstunden Sr. Lintrud in der Woche hat, hat sie nie ausgerechnet: „Aber ich bin quasi immer im Dienst."

Welche Kraftquellen hat eine solche Frau? „Ich tanke am Morgen vor dem ersten gemeinsamen Gebet auf, wenn ich mit dem lieben Gott den Tag abspreche oder bespreche, was am Vortag war. Oder wenn ich einfach um Hilfe bitte oder nur so dasitze. Außerdem weiß ich, dass für mich sehr viel gebetet wird, vor allem von den älteren und kranken Schwestern. Das spüre ich ganz deutlich, seit ich hier bin. Seitdem habe ich eine innere Ruhe, die sehr wohltuend ist."
Diese Ruhe strahlt Sr. Lintrud auch aus. Während ich ein schlechtes Gewissen habe, weil ich sie nach dem Interview noch in ein längeres Gespräch verwickele, wirkt sie absolut entspannt. Kaum zu glauben, dass sie auch mal auf den Tisch hauen kann. „Richtig ärgerlich werde ich, wenn ich angelogen werde, wenn man mich hintergeht. Das toleriere ich nicht. Ich versuche ja auch, ehrlich mit den Menschen umzugehen. Ich kann dann schon mal energisch werden. Aber im Normalfall versuche ich, das sachlich zu regeln. Das habe ich aber auch erst im Lauf der Jahre gelernt."

Kaum zu glauben, aber Sr. Lintrud macht tatsächlich Urlaub und fährt dann zu ihren Angehörigen. Zwei bis drei Wochen im Jahr verbringt sie entweder mit ihrer alleinstehenden Schwester oder im Ferienhaus ihres Bruders. „Das Erste im Urlaub ist, unwahrscheinlich lange zu schlafen, spät zu frühstücken, alles langsam angehen zu lassen. Zu wandern und die Natur zu genießen. Ich kann im Bett liegen und den Wolken zuschauen. Ich kann mich über einen Schmetterling freuen oder eine Schnecke, die über die Straße kriecht. Außerdem schaue ich mir auch gern Krimis an."

Mit ihrer Wahl zur Generaloberin vor zwei Jahren rechnete
Sr. Lintrud überhaupt nicht. Aus der Sicht der 1943 geborenen
Schwäbin wäre es eigentlich Zeit für einen deutlicheren
Generationswechsel an der Führungsspitze gewesen. Als der
Weihbischof, der den Wahlvorgang leitete, sie fragte, ob sie die
Wahl annehme, erwiderte sie: „Bis vor einer halben Stunde dachte
ich noch, der Heilige Geist sei anwesend, aber jetzt muss er wohl
woanders gewesen sein."
„Ich bin schon erschrocken, weil ich nicht von meiner vorherigen
Aufgabe als Oberin in Rottenmünster wegwollte. Aber als dann die
Wahl in der Kirche verkündet wurde und alle Schwestern zum Gra-
tulieren nach vorn kamen, stellte ich fest, dass ich – bis auf eine
Ausnahme – alle ihre Namen kannte. Das hat mich gefreut."
Warum die Wahl gerade auf sie fiel, kann die heutige Generaloberin nur vermuten. Es war wohl das Vertrauen, das man in sie
setzte, und ihre Erfahrung in Leitungsaufgaben.

Irmgard Funk, so ihr Taufname, kommt 1943 als jüngstes von
vier Kindern in Heilbronn zur Welt. Die zwei Schwestern sind 13
und 12 Jahre älter, der Bruder sieben Jahre. 1944 wird die Stadt
bombardiert. Die Schreinerei des Vaters und das Wohnhaus der
Familie brennen komplett ab. Ein Jahr sind die Funks ausquartiert,
es ist das erste Schuljahr von Tochter Irmgard. Dann kehren sie
zurück nach Heilbronn und finden eine Bleibe in einem riesigen
Wohnblock. Der Vater baut mit dem Onkel wieder eine Schreinerei
auf und ist gleichzeitig als Hausmeister tätig. Die Mutter nimmt in
der winzig kleinen Wohnung noch Fernfahrer auf, um Geld dazu-
zuverdienen. Diese übernachten im Zimmer der älteren Töchter,
die bereits außer Haus sind. „Wir hatten furchtbar arme Verhältnisse", erzählt Sr. Lintrud, „ich hatte lange Zeit kein eigenes Bett,
sondern schlief bei meinen Eltern in der Besucherritze." Erneut
hat die Familie Pech: Auch die neue Schreinerei des Vaters brennt

Sr. Lintrud Funk

ab. Schließlich erhält er eine Stelle als Mesner und kann mit der Familie in ein Haus neben der Kirche umziehen. Die Mutter putzt die Kirche und den benachbarten Kindergarten. Tochter Irmgard hilft ihr dabei.

Die Eltern Funk sind sehr fromm, gehen regelmäßig in den Gottesdienst und sonntags in die Andacht. Lange Zeit geht Irmgard mit, bis es ihr keinen Spaß mehr macht, weil dort nur noch ältere Menschen sind.
„Mir hat Kirche als Kind schon was bedeutet. Bereits bei der Vorbereitung auf die Erstkommunion dachte ich zum ersten Mal

Sr. Lintrud Funk 2007 beim Besuch des Bundeskanzleramts auf Einladung von Volker Kauder. Hier im Büro von Bundeskanzlerin Angela Merkel.

daran, in einen Orden zu gehen. Der Vikar erzählte viel über Afrika, und da dachte ich, ich würde gern dorthin gehen, zu den Aussätzigen, zu denen sonst niemand wollte. Damals war ich neun Jahre alt."

Aber in den folgenden Jahren hat Irmgard andere Interessen: Sie ist im Sportverein aktiv und begeistert sich für Geräteturnen und Leichtathletik. Damit die Eltern nichts für ihr Hobby bezahlen müssen, arbeitet sie immer in den Ferien in der Fabrik. Im Akkord befüllt sie Gläser mit Essiggurken.

Nach der Grundschule wechselt sie auf die Mittelschule, entgegen dem Rat der Lehrer, die glauben, sie lege nicht den nötigen Eifer für den Unterricht an den Tag. Aber die ältere Schwester motiviert sie sehr zum Schulwechsel und zahlt auch das Schulgeld. Weiterhin bleibt der Sport Irmgards große Passion. Ihre erste große Liebe, ihr Tanzpartner Richard, ist auch im Sportverein. Irmgard ist häufig in Begleitung von Jungs, wenn sie abends zum Sportplatz geht. So häufig, dass sich der Vater schon Sorgen macht und den Rat des Pfarrers einholt. Doch der meint ganz pragmatisch: „Solange sie mit so vielen Jungs geht, können Sie froh sein. Wenn sie nur mit einem unterwegs ist, wird's schlimmer."

Dann finden Irmgards sportliche Ambitionen ein jähes Ende. Am Abend vor den Württembergischen Meisterschaften, für die sie gemeldet ist und durchaus Chancen auf Medaillen hat, bricht sie sich beim letzten Training am Stufenbarren den Arm. Ihre Sportkarriere ist damit beendet. Irmgard ist damals 16.

Der frühere Wunsch, Ordensfrau zu werden, tritt wieder zutage. Ihr Vater hatte immer gehofft, dass eine seiner drei Töchter ins Kloster gehen würde. Drei leibliche Schwestern von Irmgards Mutter sind Ordensfrauen in Untermarchtal. Als die Schülerin Irmgard einer dieser Tanten einmal anvertraut, dass sie ins Kloster gehen möchte,

Sr. Lintrud Funk

rät diese vehement ab und empfiehlt ihr, erst einmal die Schule zu beenden und einen Beruf zu erlernen.

Aber Irmgard lässt sich im Endeffekt nicht davon abhalten. In einem Aufsatz schreibt sie kurz vor dem Schulabschluss zu ihren Zukunftsplänen: „Ich habe schon etwas im Sinn. Schon als kleines Kind wollte ich immer Schwester werden. Da ich auch gerne nach Afrika, China oder Japan möchte, wäre Missionsschwester das Beste."

Nach der Mittleren Reife besucht Irmgard Funk ein Jahr lang die Haushaltungsschule in Untermarchtal. In dieser Zeit reift der Entschluss, Kinderkrankenschwester und Ordensfrau zu werden. Im Februar 1961 tritt sie mit 17 Jahren ins Kloster Untermarchtal ein und macht als Ordenskandidatin eine dreijährige Ausbildung zur Krankenschwester im ordenseigenen Stuttgarter Marienhospital.

Bei der Einkleidung erhält sie ihren Ordensnamen, der für sie erst einmal gewöhnungsbedürftig ist. Sie hat drei andere Namensvorschläge gemacht, darunter Dominika, aber die Entscheidung ihrer Novizenmeisterin fällt anders aus: „Der Name Lintrud war mir damals ganz fremd. Aber inzwischen, so meine ich, habe ich aus dem Namen, der ‚Volksvertraute' bedeutet, etwas gemacht. Und er gefällt mir auch."

Jungs und der Gedanke an eine Partnerschaft sind in dieser Zeit aus ihrem Kopf verbannt. Neben der täglichen Arbeit im Krankenhaus und dem Unterricht macht sie nachts auch häufig Sitzwachen. Da kommt man nicht auf solche Gedanken.
Mit Mitte 20 jedoch passiert es: Sr. Lintrud verliebt sich. Auch der Partner ist – genau wie sie – gebunden. Aber die Vernunft siegt, und die Ordensfrau bleibt ihrer Berufung treu.

Mit Anfang 30 durchläuft Sr. Lintrud erneut eine schwierige persönliche Phase: „In Bezug auf die Kinderlosigkeit habe ich auch eine ganz große Krise gehabt, weil ich dachte, das sei nicht normal, dass eine Frau kein Kind bekommen solle. Damit habe ich sehr gehadert. Das hat mich lange beschäftigt und viele Tränen gekostet."

In dieser Zeit hat sie sich immer auch vorgestellt, in einer Familie glücklich sein zu können: „Ich hätte viele Kinder gewollt, vor allem Buben."

Beruflich entwickelt sich die junge Ordensfrau kontinuierlich weiter. Nach der Profess ist sie von 1965 bis 1968 als Krankenschwester in Wangen tätig und wird gleich auf der chirurgischen Männerstation eingesetzt. Danach ist sie, gemeinsam mit einer gestrengen Oberin, in der ambulanten Gemeindekrankenpflege tätig. 1969 bis 1973 hat sie die Leitung der Krankenpflegeschule im Städtischen Krankenhaus Friedrichshafen inne. Da sie vor Übernahme der Position nur eine kurze Schulung absolvieren kann, fühlt sie sich anfangs mit dieser Aufgabe ziemlich überfordert.

Es folgt dann eine zweijährige Ausbildung für die Lehrbefähigung an der Krankenpflegeschule sowie als Pflegedienstleitung in Köln. 1975 bis 1978 bildet Sr. Lintrud schließlich am Marienhospital in Stuttgart Krankenschwestern aus und macht anschließend eine weitere Ausbildung zur Hygienefachkraft. Der Umgang mit Menschen und die Weitergabe von Fachwissen machen ihr sehr viel Freude.

1983 erfolgt dann der Wechsel an die Frauen- und Kinderklinik des Margaritenhospitals in Schwäbisch Gmünd, das damals noch dem Orden gehört. 21 Jahre bleibt Sr. Lintrud dort, als Oberin des Konvents von damals 23 Schwestern und gleichzeitig als Pflegedienstleiterin. In Schwäbisch Gmünd kümmert sie sich auch sehr um die Krankenhausseelsorge: „Da konnte ich viel in dieser Richtung wirken. Betreute Frauen mit Brust-OPs oder solche, die Totgeburten hatten. Das war eine meiner erfüllendsten Tätigkeiten."

Der Abschied von Schwäbisch Gmünd im Jahr 2004 bleibt ihr unvergessen. Jeder Mitarbeiter überreicht ihr vor der Abreise an der Garage eine Rose. Dann fährt sie allein los. „Das war mein allerschlimmstes Erlebnis. Ich habe nach einer kurzen Strecke erst mal an der Straße gehalten und wie ein Schlosshund geheult. Und ich dachte mir, das ist doch unmöglich, dass ich nach 21 Jahren nun mutterseelenallein hier stehe. Das wünsche ich keiner Mitschwester. Heute wird jede Schwester, die versetzt wird, abgeholt und begleitet."

Bis zu ihrem Wechsel zur nächsten Station nach Rottenmünster bleiben ihr nur drei Wochen Zeit, die sie im Mutterhaus in Untermarchtal verbringt. Sie empfindet dies damals als echte Zwangsmaßnahme: „Das würde ich heute mit keiner Schwester machen, dass sie nach 21 Jahren an einem Ort nahtlos auf eine andere verantwortungsvolle Position wechseln müsste. Ich würde ihr immer eine längere Überbrückungszeit geben."

Sr. Lintrud hat zeit ihres Lebens keine Supervision gemacht. Wenn sie das Gefühl hat, Entlastung zu brauchen, findet sie immer einfühlsame Menschen, bei denen sie sich aussprechen kann: „Das habe ich auch gebraucht. Ich hatte zum Beispiel Mitschwestern oder in Schwäbisch Gmünd eine sehr gute Mitarbeiterin, die mir 21 Jahre treu war. Mit ihr konnte ich vieles besprechen. Oft redete ich auch im Rahmen eines Beichtgesprächs darüber, was mich belastete. Und wichtig war für mich auch die tägliche Eucharistiefeier. Außerdem habe ich von den Menschen so viele positive Rückmeldungen bekommen. Ich habe von dem gelebt, was wieder an mich zurückkam."

Besonders schlimm ist es für sie, wenn Kinder sterben müssen: „Die Situationen, die ich oft hatte, dass ich mit der Mutter bei einem sterbenden Kind saß, und die fragte mich: ‚Sagen Sie mir doch, wo jetzt hier noch ein Gott ist?‘, das war für mich oft sehr schwierig. Ich habe dann versucht, das mit der Mutter gemeinsam durchzustehen. Habe sie zum Beispiel bei der Beerdigung begleitet und in der Zeit danach. Zu sagen, das sei der Wille Gottes, kam mir nie über die Lippen. Ich habe dann einfach versucht, die Situation mit ihr zu tragen und mit ihr auszuhalten. Da kannst du keine frommen Worte bringen, das passt nicht in eine solche Situation."

Zu den Müttern hält sie lange Kontakt und bekommt noch heute Anrufe von manchen, die sie damals begleitete.

Generaloberin Sr. Lintrud Funk in ihrem Büro

Auf ihrer nächsten Station Rottenmünster wird Sr. Lintrud Oberin eines Konvents mit 45 Schwestern und Chefin eines Krankenhauses mit 700 Betten und über 1000 Mitarbeitern. Sie wird von allen herzlich aufgenommen, aber der Kontakt zu den Patienten fehlt ihr zunächst. Mit der Zeit wächst ihr aber auch diese Aufgabe ans Herz, und sie kann Führungserfahrungen sammeln, die jetzt für sie sehr wertvoll sind.

Sr. Lintrud Funk

Sr. Lintrud kann heute auf mehr als vier Jahrzehnte im Kloster zurückblicken und zieht für sich die Bilanz, dass es – trotz allem – eine gute, erfüllende Zeit war: „Ich habe immer versucht, nach dem Willen Gottes zu leben. All diese Versetzungen, die immer kamen, die neuen Aufgaben mit Veränderungen auch im persönlichen Umfeld haben weh getan, aber ich habe das immer als einen Auftrag angesehen und habe ja dazu gesagt."

Ob Menschen im Kloster a priori glücklicher sind als solche außerhalb der Klostermauern, bezweifelt sie: „Ordensleute sind nicht glücklicher als andere Menschen. Ich kann mir vorstellen, dass man in einer Ehe mindestens genauso glücklich sein kann. Da muss man nicht im Orden sein."
Die Generaloberin hat auch manchmal mit Situationen in einer reinen Frauenwelt zu kämpfen: „Hier in unserer Frauengemeinschaft gibt es auch immer wieder mal Konflikte. Das geht so weit, dass man manchmal tagelang nicht miteinander spricht. Das kann ich zwar nicht so gut einordnen, denn wir bitten jeden Abend um Verzeihung und beten täglich das Vaterunser. Da darf man eigentlich nicht ins Bett gehen, ohne sich zu versöhnen. Aber das gibt's. Es gibt auch Generationenkonflikte, wenn das Verständnis füreinander fehlt. Hier ist eben nicht nur heile Welt. Das erwartet man wahrscheinlich, aber das ist es nicht. Wir sind Menschen."

Als größtes Problem in einer solchen Gemeinschaft erlebt sie, dass man einander nicht alles gönnt. Sie findet es schlimm, wenn man einer Mitschwester etwas nicht zugesteht und so etwas wie Neidgefühl hat. Auch Unversöhntheit bedrückt sie. Sie versucht dann, sich mit den Kontrahentinnen an einen Tisch zu setzen, ins Gespräch zu kommen und Verständnis für die Gegenseite zu wecken.

Hinsichtlich der Zukunft von Orden ist Sr. Lintrud voller Hoffnung. Es gibt zwar momentan in ihrem Orden nur eine Postulantin, aber zwei weitere junge Frauen werden eintreten. Außerdem gibt es viele junge Menschen, die die Stille suchen. In jedem Juni findet im Kloster Untermarchtal ein Jugendtag statt, an dem rund 3500 junge Menschen teilnehmen: „Wenn die unsere Spiritualität aufnehmen und in die Familie, die Schule oder an ihren Arbeitsplatz tragen, ist das doch toll. Die müssen doch nicht im Orden sein. Manchmal kann man außerhalb des Ordens noch viel mehr wirken und bewirken."

Damit Orden heute wieder mehr Aufmerksamkeit erhalten, ist nach Meinung der Generaloberin Öffentlichkeitsarbeit unabdingbar: „Öffentlichkeitsarbeit ist unbedingt wichtig für Orden und Klöster. Das gehört dazu. Wir vertreten die Kirche, wir wirken im Auftrag Gottes, möchten die Menschen erreichen, und das soll an die Öffentlichkeit kommen. Und natürlich bin ich dafür, dass unsere jungen Schwestern auf Facebook sind. Wir müssen die heutigen Medien nutzen, um auf uns aufmerksam zu machen."

Sie hat das Gefühl, dass gerade Frauengemeinschaften immer wieder um Aufmerksamkeit kämpfen müssen. Im Kloster gibt es deshalb auch eine Schwester, die für Öffentlichkeitsarbeit zuständig ist und beispielsweise auch die Klosterhomepage verwaltet. Zehn Mitschwestern traten sogar einmal mit einer Wette in der „Guinness-Show" im Fernsehen auf. Tausend Brote schnitten, bestrichen und arrangierten sie auf Tabletts. Dafür hatten sie fünf Minuten Zeit. Die Stullen wurden anschließend im Publikum verteilt.

Die Generaloberin Sr. Lintrud Funk ist jetzt zwei Jahre im Amt. Für die nächsten vier Jahre hat sie sich noch einiges vorgenommen. Beispielsweise soll die gesamte Ordensleitung stärker von operativen Aufgaben entlastet werden, damit sie sich noch mehr für die Wahrung von Erbe und Auftrag einsetzen kann. Darüber hinaus

Sr. Lintrud Funk

sollen Strukturen im Mutterhaus geändert werden, deshalb wird es demnächst einen angestellten Geschäftsführer für die Untermarchtaler Betriebe geben.

Sr. Lintrud möchte auch erreichen, dass es mehr Kleinkonvente gibt oder innerhalb der größeren Konvente kleinere Wohngruppen. „Unsere jungen Schwestern fühlen sich in Kleingruppen eher zu Hause. Wenn zum Beispiel in einem Konvent mit 45 Schwestern nur zwei junge sind, die dann abends allein dasitzen, weil die alten Schwestern ins Bett gegangen sind, dann kann ich verstehen, dass sie lieber allein wohnen möchten. Dann können sie was miteinander unternehmen."

Besonders wichtig ist ihr auch das Spirituelle: „Bei allem, was geändert und dem Zeitgeist angepasst werden muss, darf unsere vinzentinische Spiritualität nicht verloren gehen."
Diese Spiritualität wird beispielsweise durch Konventsgespräche, Schriftgespräche, regelmäßige Diskussionen über den Glauben gepflegt und durch Angebote wie Exerzitien, geistliche Tage, spirituelle Fortbildungen und einen monatlichen Besinnungstag gestärkt und intensiviert.

Wie stellt sich die Generaloberin eigentlich Gott vor? „Ich habe viele Gottesbilder. Ich stelle mir immer wieder vor, dass er mir begegnet in den Menschen, vor allem in den Armen, in denen, die mich brauchen." In ihrem privaten Zimmer hat Sr. Lintrud ein Kreuz und ein Bild der Muttergottes, das ihr Vater gemalt hat. Eine Gebetsecke hat und braucht sie nicht. „Ich bezeichne mich wirklich nicht als fromm. Ich versuche, meinen Alltag zu leben, aber wichtiger ist mir, meine persönliche Beziehung zu Christus zu pflegen. Das ist meine Quelle. Daraus kann ich wieder schöpfen."

Sr. Lintruds Wünsche für die Zukunft: Sie möchte in Treue ihren Weg weitergehen und erhofft sich, dass ihre Ordensgemeinschaft in eine gute Zukunft geht und vielleicht wieder mehr junge Menschen begreifen, dass sich ein solcher Weg lohnt. Und dass man in einer solchen Lebensform wirklich glücklich werden kann.

Zu ihren Qualitäten zählt sie nach einigem Nachdenken: auf Menschen zugehen, sie begeistern, aber auch ruhig und sachlich mit ihnen umgehen können, außerdem Hilfsbereitschaft. „Ich denke, ich kann hinhören und schweigen, das spüren die Menschen."
Tatsächlich ist es so, das konnte auch ich in unseren Gesprächen erfahren. Insofern stimmt es, was die Noviziatsleiterin der heutigen Generaloberin 1965 ins Zeugnis schrieb: „Sr. Lintrud ist hilfsbereit, heiter und sehr gesellig."
Ihr Lieblingsmotto stammt übrigens von ihrem Ordensgründer Vinzenz von Paul: „Seid gut, und man wird euch glauben."

Sr. Lintrud Funk

Priorin Prof. Dr. Carmen Tatschmurat

Benediktinerinnen-Kommunität Venio, München-Nymphenburg

Eine Villa in Nymphenburg

Priorin Prof. Dr. Carmen Tatschmurat, Benediktine-rinnen-Kommunität Venio, München-Nymphenburg

Plötzlich bin ich in einer Oase der Ruhe. Mein Navigationssystem hat mich in eine Seitenstraße des Münchner Stadtteils Nymphen-burg geleitet, vor ein mehrstöckiges, schlichtes Gebäude. An der Wand neben dem offenen Holztor steht in kleinen Lettern „Kom-munität Venio". Ein kleiner Pfeil neben diesen beiden Worten weist in Richtung Garten. Blumenbeete, Büsche und Rasen begrenzen die Einfahrt, und Vogelgezwitscher begleitet mich auf meinem Weg in den Gartenbereich des Grundstücks. Nach einigen Schritten stehe ich vor dem Eingang einer wunderschönen Villa vom Beginn des 20. Jahrhunderts. „Ob hier wirklich die Benediktinerinnen woh-nen?", denke ich mir noch, als nach meinem kurzen Klingeln so-gleich der Türöffner surrt. Einige Stufen im großzügigen Treppen-haus führen mich hinauf zur Eingangstür des Erdgeschosses. Eine junge Frau in sportlicher Kleidung öffnet mir. Ich stehe in einem hellen, weitläufigen Flur. Von Klosteratmosphäre keine Spur. Und außer einem Kruzifix kein Indiz, das auf ein Ordenshaus verweisen könnte. Aber ich bin am richtigen Ort. Hier wohnt tatsächlich die Priorin Carmen Tatschmurat mit ihren 22 Mitschwestern. In einer herrlichen, fast ein wenig ländlichen Umgebung und dennoch nur wenige Straßenbahnhaltestellen vom Zentrum der bayerischen Landeshauptstadt entfernt.

Eine schlanke, dunkelhaarige und lässig gekleidete Frau Anfang 60 kommt mir freundlich lächelnd entgegen: Sr. Carmen. So wird sie hier genannt. In ihrem beruflichen Umfeld ist sie Dr. Carmen Tatschmurat, Professorin für Soziale Arbeit an der Katholischen Stiftungsfachhochschule in München. Im Ordensgewand kann ich mir sie kaum vorstellen. Aber Sr. Carmen ist die Vorsteherin der Gemeinschaft von 22 Benediktinerinnen in München und fünf Mitschwestern einer Niederlassung in Prag, gewählt von ihren Mitschwestern und am 6. Februar 2010 feierlich in ihr Amt eingeführt.

Der Weg bis zu diesem Ereignis ist durchaus nicht geradlinig verlaufen. Und mehr als vier Lebensjahrzehnte lang deutete nichts darauf hin, dass Carmen Tatschmurat sich einmal dafür entscheiden würde, in ein Kloster einzutreten. Aber sie war eigentlich von Kind an gewöhnt, in verschiedenen Welten zu Hause zu sein.
Die waschechte Münchnerin wurde 1950 geboren. Beide Eltern waren als Flüchtlinge nach Deutschland gekommen, aber aus völlig unterschiedlichen Kulturkreisen. Die Mutter stammte aus Böhmen, aus der Nähe von Karlsbad, der Vater aus Turkmenistan, einer der früheren sowjetischen Republiken. Die Mutter war katholisch, der Vater Muslim.
Carmen, das einzige Kind der Eltern, wird katholisch getauft und von der Mutter auch im katholischen Glauben erzogen. Sie besucht den Religionsunterricht, geht zur Kommunion und wird gefirmt. Der Vater mischt sich nicht in die Erziehung seiner Tochter ein, schon gar nicht in die religiöse. Die Eltern trennen sich bereits, als Carmen vier oder fünf Jahre alt ist. Dennoch bleibt der Vater der Familie verbunden und besucht sie jeden Sonntag, bis er erneut heiratet. Die Tochter ist damals etwa zehn Jahre alt.
Carmen findet als Kind im Glauben und den kirchlichen Riten durchaus eine Heimat: „Ich denke, ich war ein sehr frommes Kind. Ich bin sehr gern in die Kirche gegangen, auch in den Religions-

Carmen Tatschmurat im Alter von fünf Jahren

unterricht. Meine Mutter hat das gar nicht forcieren müssen, sondern das war eher meins. Ich ging auch ganz gegen den Willen meiner Eltern manchmal bei Wind und Wetter ganz früh am Morgen um 6.30 h in die Schulmesse. Das hat mich total angezogen." Diese Anziehungskraft hält auch in Teenagerzeiten an. Im Alter

Sr. Carmen Tatschmurat

von 11 oder 12 Jahren schließt sich Carmen einer Gruppe der Katholischen Jugend in der Münchner Pfarrei St. Joseph an, die von Kapuzinermönchen geleitet wird. So kommt sie am Rande auch erstmals mit Ordensleuten und dem Klosterleben in Berührung. Dieser Gruppe bleibt sie bis zum Abitur verbunden und ist von der Jugendarbeit der Ordensleute anscheinend so beeindruckt, dass sie sich mit 17 Jahren zusätzlich einem Vorgängerverband der jetzigen GCL (Gemeinschaft Christlichen Lebens), einer weltweiten Laien-organisation der Jesuiten, anschließt.

In der Gruppe beschäftigt sie sich intensiv mit der Bibel: „Mich stärker mit der Schrift auseinanderzusetzen fand ich schon immer ungeheuer faszinierend und habe dann auch schnell gemerkt, dass das irgendwas mit mir selbst zu tun hat, ohne es genau definieren zu können."
Auch die Gottesdienste üben eine Faszination auf den Teenager aus: „Wenn ich das so im Rückblick sehe, hat mich immer sehr stark die Eucharistie angezogen. Bereits bei meiner Erstkommu-nion. Das war so ein Faden in meinem Leben, der blieb." Dieser Faden zerreißt plötzlich mit Vehemenz. Nach dem Abitur tritt Carmen Tatschmurat aus der Kirche aus. Dieser Austritt ist ein sehr bewusster Schritt. Die Abiturientin hatte, wie so mancher ihrer Freunde aus der Katholischen Jugend, gehofft, dass sich nach dem Zweiten Vatikanischen Konzil 1962 sehr rasch viele Neuerungen durchsetzen würden. Aber nach ihrem damaligen Eindruck ist zwar eine Aufbruchstimmung in der katholischen Landschaft zu spüren, aber in den Pfarreien wird keine Änderung vorgenommen. Alles scheint ihr festgefahren und unbeweglich.

Es sind die Jahre 1968/69, der Beginn der Studentenbewegung: „Ich wollte die Welt verstehen und verändern. Ich war von der Kirche sehr enttäuscht, und auf den Straßen war einfach was los.

Ich wollte mit der Kirche erst mal nichts mehr zu tun haben. Die war mir zu starr, zu überholt. Ich hatte irgendwie die Hoffnung verloren, dass sich da in absehbarer Zeit etwas ändert", erzählt Priorin Carmen heute. Eigentlich hatte sie sich der Kirche und ihrem Glauben so verbunden gefühlt, dass sie Theologie studieren wollte. Nach dem Abitur beginnt sie deshalb zunächst auch, das Große Latinum nachzuholen, und besucht einige Theologievorlesungen. Aber da präsentiert sich in ihren Augen eine erstarrte Welt, gerade auch, was die Beteiligung der Frauen angeht: „Es wurde doziert und nicht diskutiert."

Vor ihrem Kirchenaustritt führt sie innerhalb der Jugendgruppen heiße Diskussionen. Und so manche anderen jungen Leute in ihrem Umfeld kehren der Kirche ebenfalls den Rücken, darunter auch einige junge Männer, die eigentlich Priester hatten werden wollen.

Am Soziologischen Institut der Münchner Universität erlebt Carmen eine ganz andere Welt. Sit-ins, Teach-ins, Arbeitskreise sind dort an der Tagesordnung. Sie beginnt daher im Jahr 1970, Soziologie zu studieren. Ihrer Geburtsstadt München bleibt sie treu, weil auch ihre Mutter hier lebt, die betreuungsbedürftig ist. Diese hatte Carmens Kirchenaustritt zwar nicht gutgeheißen, aber akzeptiert. Sie hatte in ihrer Jugend übrigens den gleichen Schritt wie ihre Tochter vollzogen, war aber später wieder eingetreten.
Die Soziologie wird zur großen Leidenschaft von Carmen Tatschmurat. Sie ist sechs Jahre in einem Sonderforschungsbereich tätig, dann vier Jahre Assistentin ihres Doktorvaters Karl Martin Bolte und promoviert schließlich über ihr damaliges Lebensthema: Die Verbindung von Arbeit und weiblicher Identität. Zunächst beginnt sie mit einer Habilitation, bekommt dann aber eine Professur für Soziale Arbeit an der Katholischen Stiftungsfachhochschule in München angeboten und wechselt dorthin. Das Thema Kirche liegt brach.

Sr. Carmen Tatschmurat

Mit Anfang 20 lernt Carmen im Studium ihren Lebenspartner kennen. Er ist Jude aus Rumänien mit italienischem Pass. Das Paar lebt 24 Jahre zusammen, bis zum plötzlichen Tod des Lebensgefährten.

Wegen ihres jüdischen Freundes beschäftigt sich Carmen Tatschmurat mit der hebräischen Sprache und kommt auch wieder mit der Bibel in Berührung. Über einen Soziologenkollegen lernt sie den jüdischen Philosophen Friedrich Weinreb kennen, besucht einige seiner Vorträge und ist sehr beeindruckt von seiner Aussage, dass alles, was in der Schrift berichtet wird, sich auch im Hier und Jetzt ereigne. Für ihn war also Ewigkeit und Gegenwart eins. „Diese Unmittelbarkeit des Glaubens hat mich sehr getroffen", erinnert sich die heutige Ordensfrau. Ein Mosaikstein kommt in dieser Lebensphase zum anderen. Zufall oder Fügung? Carmens Mutter wird zunehmend gehbehindert und bittet die Tochter, sie sonntags in die Kirche zu begleiten. Einige sehr gute Predigten lassen die Tochter aufhorchen. Manchmal überrascht sie sich selbst dabei, wie sie im Vorbeigehen rasch einige Minuten in einer Kirche verbringt: „Was ich da eigentlich mache, hätte ich wahrscheinlich niemandem erklären können, aber ich spürte, dass da wieder so eine Art Anziehung ist." Es stören sie plötzlich wieder Dinge an der Kirche, die ihr doch jahrzehntelang gleichgültig gewesen war. Und irgendwann hört sie in einer Diskussion die Bemerkung: „Wenn mich die Kirche ärgert, ist es deshalb, weil ich sie liebe." Für Carmen Tatschmurat ist dies damals ein Schlüsselsatz.

Mit 35 Jahren tritt sie wieder in die Kirche ein, 17 Jahre nach ihrem Austritt. Aber an Kloster kein Gedanke, nicht einmal eine Ahnung. Ihr Partner lebt damals noch, und nur, dass die Beschaffung der Papiere für ihn so schwierig war, hat die beiden davon abgehalten zu heiraten.

Carmen engagiert sich wieder in der Kirche, wird Mitglied im Pfarrgemeinderat, aber sie merkt sehr schnell, dass sie dort unterfordert ist.

Bei ihrem Partner wird ein unheilbarer Lungentumor festgestellt. Sechs Wochen nach der Diagnose stirbt er. Carmen Tatschmurat ist 47 und plötzlich alleinstehend. Ein Gedanke treibt sie in dieser Phase immer wieder um: „Was ist jetzt? War das alles, und soll ich so weiterleben?"

Auf Anregung eines Bekannten macht sie Einzelexerzitien bei den Missionsbenediktinerinnen im Kloster Bernried am Starnberger See. Sie ist auf der Suche. Während der Klostertage gewinnt sie zwei Erkenntnisse, die ihr weiteres Leben entscheidend beeinflussen: „Ich merkte, dass dies eine Lebensform ist, die mich sehr anzieht. Gleichzeitig war mir aber auch klar, dass ich meinen Beruf nicht aufgeben und im Habit (= Klostergewand) leben wollte." Noch ist sie nicht so weit, sich für einen Klostereintritt zu entscheiden. Aber die Idee, Menschen zu helfen und sie in schwierigen Lebensphasen zu begleiten, entsteht in dieser Zeit.

Infolgedessen macht Carmen Tatschmurat eine Ausbildung in Supervision und eine weitere in geistlicher Begleitung: „Ich dachte mir, das wäre vielleicht auch eine Möglichkeit, über die Begleitungsarbeit intensiver am Glauben zu bleiben." Die Klosteridee geht ihr aber nicht aus dem Kopf.

Im Jahr 1997 sieht sie sich auf Empfehlung einer Ordensfrau zwei Klöster an. Eines davon ist die Kommunität Venio in München-Nymphenburg. An einem trüben Sonntagmorgen besucht sie diese Benediktinerinnengemeinschaft zum ersten Mal. Es gefällt ihr zunächst überhaupt nicht dort. Dennoch geht ihr diese Kommunität nicht aus dem Kopf. Was sie reizt, ist die Tatsache, dass man dort ein Leben als Ordensfrau führen und gleichzeitig außerhalb des

Klosters seinem Beruf nachgehen kann. Das Ordensgewand trägt man nur zu den Gebetszeiten. Außerdem sehen die dortigen Mitschwestern kein Problem darin, dass sie für einen Neueintritt doch schon recht alt ist. Allmählich wird Carmen klar, dass sie diese Chance ergreifen sollte. Als sie ihre Entscheidung trifft, möchte sie auch gleich Nägel mit Köpfen machen und so schnell wie möglich einziehen.

Im November 1997 tritt Carmen Tatschmurat in die Kommunität Venio ein. Der Name „Venio" – „Siehe, ich komme, Deinen Willen zu tun" – wird also für sie zum Lebensmotto. Sie ist zwar schon 47 Jahre alt, muss aber den fünfeinhalbjährigen Weg bis zum Ablegen der ewigen Gelübde durchlaufen wie eine ganz junge Kandidatin. Warum tut sie sich das an, wo sie doch in unserer Welt beruflich und finanziell abgesichert ist? „Mich hat damals schon sehr das Gemeinschaftliche angezogen, zusammen zu leben, zusammen zu beten, speziell das Chorgebet, das war es, was ich wollte. Ich kann es nicht anders erklären, aber ich hatte das Gefühl, das ist mein Weg, das sollte ich machen."
Ihr Umfeld reagiert sehr unterschiedlich. Die Kollegen sind sehr erstaunt, finden es aber okay. Manch einer kann es gut verstehen, andere ziehen sich zurück. Carmens muslimischer Vater, der zu diesem Zeitpunkt noch lebt, hat die Entscheidung seiner Tochter letztendlich nie verstanden, aber ihm ist es wichtig, dass sie zufrieden ist.

Die erste Zeit ist für die an ein selbstbestimmtes Leben gewöhnte Hochschullehrerin nicht einfach: „Der Anfang im Kloster war sehr anstrengend, weil ich alles auf die Reihe kriegen musste. Die Berufstätigkeit lief weiter. Zum Glück hatte ich viele Unterrichtseinheiten schon in der Schublade und musste nicht viel vorbereiten. Anstrengend war auch, die unterschiedlichen Menschen überhaupt kennen zu lernen. Ansonsten waren sie alle hier sehr positiv und geduldig und gingen auf mich ein." Etwas leichter wird ihr der Einstieg ins Klosterleben, weil es eine weitere Novizin gibt, die zwei Wochen nach ihr eintritt und noch ein Stück älter ist als sie. So hat sie einen Menschen in vergleichbarer Situation, mit dem sie sich austauschen kann.

Nicht leicht fällt es Carmen Tatschmurat, über jede Kleinigkeit Rechenschaft ablegen zu müssen und nicht mehr über ihr eigenes Einkommen, das seit dem Klostereintritt in die Gemeinschaftskasse fließt, verfügen zu können. Weniger, um sich selbst etwas kaufen, sondern vielmehr, um Geschenke machen zu können. Ihre Wohnung aufzulösen und alles weggeben zu müssen fällt ihr nicht schwer. Als Flüchtlingskind kennt sie es von zu Hause, nicht an Gegenständen zu hängen.

Nach dem Postulat, also den ersten beiden Klosterjahren, folgt die Einkleidung. Sr. Carmen erhält ihr Ordensgewand. „Da habe ich gewusst, ich kann innerlich gar nicht mehr zurück." Ihr Taufname wird auch der Ordensname, so hat sie es sich gewünscht. Carmen, der lateinische Begriff für „Lied", gewinnt im Kloster für sie noch an zusätzlicher Bedeutung durch das gemeinsame Singen.

Im Jahr 2003 legt Sr. Carmen Tatschmurat im Kreise ihrer Mitschwestern die ewigen Gelübde ab. Damit ist die endgültige Aufnahme in die Gemeinschaft ihres Klosters besiegelt. Auf Grund ihrer beruflichen Erfahrung als Hochschullehrerin wird sie im Kloster auch gleich zur Novizenmeisterin ernannt, die für die Ausbildung der neu eingetretenen Schwestern zuständig ist. So kann sie auch gleich Leitungserfahrungen im Haus sammeln, eine wichtige Voraussetzung für die Zukunft, wie sich einige Jahre später herausstellt, denn 2009 wird Sr. Carmen zur Priorin der Kommunität gewählt. „Es gab noch andere Mitschwestern, die ebenfalls für diese

Sr. Carmen Tatschmurat

Aufgabe in Frage gekommen wären. Ich war zwar nicht so naiv zu denken, meine Wahl käme gar nicht in Frage, aber es war durchaus offen." Nach der Wahl kommen die Bedenken wegen der großen Verantwortung, die diese Aufgabe mit sich bringt. Für ihre 22 Mitschwestern in München und weitere fünf Schwestern in der 2008 gegründeten Prager Niederlassung der Benediktinerinnen ist sie nun erste Ansprechpartnerin in allen Fragen. Die jüngste Schwester ist 30, die

Carmen Tatschmurat als junge Dozentin mit Anfang 30

beiden ältesten sind 89 Jahre alt. Das Kloster ist also ein Mehrgenerationenhaus mit entsprechenden Anforderungen.

Seit der feierlichen Einsetzung als Priorin im Februar 2010 lässt Carmen Tatschmurat ihre Dozententätigkeit an der Fachhochschule ruhen und konzentriert sich auf ihre Aufgaben in der Kommunität: „Im Nachhinein würde ich sagen, ich bin überhaupt kein Gemeinschaftsmensch, sondern eher ein Einzelmensch, aber ich denke, es ist für mich jetzt auch eine Herausforderung, in der Gemeinschaft zu leben. Das andere kann ich, das habe ich lange genug erprobt. Aber hier in der Gemeinschaft in meiner jetzigen Position für jede immer ansprechbar zu sein, das ist die echte Herausforderung, bei der ich noch was lernen kann."

Die neue Aufgabe fordert die „ganze Frau". Sr. Carmen führt die Geschäfte des Klosters, das ja seinen Lebensunterhalt selbst erwirtschaften muss, sie ist für die Verwaltung und Instandhaltung der klösterlichen Immobilien zuständig, für den klösterlichen Tagesablauf, die Ausbildung des Klosternachwuchses, für Veranstaltungen im Haus, um nur einen Teil ihres Aufgabenbereichs zu schildern. Manchmal betreibt sie auch Öffentlichkeitsarbeit fürs Kloster. Das bedeutet konkret: Tagungen mitgestalten, Vorträge halten, Artikel für Zeitschriften verfassen. Alle zwei Monate ist sie übrigens auch für rund eine Woche bei ihren Prager Mitschwestern, um einen engen Kontakt zu halten und diese so weit wie möglich zu begleiten.

Alles findet in einem engen, stark strukturierten Tagesraster statt:
- 5.30 h aufstehen
- 6 h Meditation als Einstimmung auf den Tag
- 6.30 h Morgenhore – gemeinsames Chorgebet; an einigen Tagen mit anschließender Messe
- 7 h Arbeitsbesprechung mit den Mitschwestern, danach Frühstück
- 8 – 11.45 h Arbeitsphase mit Schreibtischarbeit – wie E-Mails, Post, Telefonate –, organisatorische Aufgaben, Besprechungen, Termine außer Haus
- 12.05 h Mittagshore – gemeinsames Mittagsgebet für alle Schwestern, die nicht aus beruflichen Gründen außer Haus sind; anschließend Mittagessen und kurze Ruhephase
- 14 – 17.15 h Arbeitsphase, beispielsweise mit Vorbereitung geistlicher Impulse, Erstellung des Jahresprogramms, Erarbeitung beruflicher Perspektiven mit den Novizinnen, Entwicklung von Konzepten für Kurse etc.
- 17.20 h Stille Zeit mit geistlicher Lesung oder Meditation, von jeder Schwester individuell gestaltet

Sr. Carmen Tatschmurat

- 18 h Vesper – gemeinsames Abendgebet und Abendessen; an einigen Tagen findet die tägliche Messe am Abend statt
- Ca. 19.45 h gemeinsame Aktivitäten, zum Beispiel Zusammenkunft der Schwestern mit ewiger Profess zur Besprechung wesentlicher Linien im Haus und geistlicher Themen, auch Singstunden und Gesprächsrunden mit allen Konventmitgliedern; wenn Bedarf, auch Phase für weitere Einzelgespräche
- Ca. 21.30 h Komplet – Nachtgebet, das manchmal gemeinsam, hin und wieder auch individuell gesprochen wird
- 22 h Schlafenszeit

So sieht ein üblicher Wochentag für die Klostervorsteherin aus, wenn sie nicht auf Reisen oder zu Terminen außer Haus ist. Jede Stunde des Tages ist verplant, und immer wieder trifft man sich in der Gemeinschaft zu den Gebetszeiten, den Mahlzeiten, zur Eucharistiefeier und zur Rekreation. Dazwischen muss Sr. Carmen alle Aufgaben, die im Rahmen ihrer Leitungsfunktion an sie herangetragen werden, unterbringen. Und sie muss sie immer wieder unterbrechen, wenn die Glocke zum Gebet ruft. Dies hat oberste Priorität. Zur Bewältigung eines solchen Tagesablaufs gehört absolute Disziplin.

Kein Wunder, dass sich Priorin Carmen manchmal mehr Möglichkeiten zum Rückzug in die Stille und zum Lesen und Schreiben wünscht. Daher ist für sie die halbstündige Meditationszeit am frühen Morgen sehr wichtig. Diese Phase gibt ihr Kraft für den Tag, genauso wie regelmäßige Exerzitien. Einmal im Jahr macht sie drei Wochen Urlaub, wie alle ihre Mitschwestern übrigens. Wohin sie da fährt? In ein kleines Ferienhaus im Allgäu, das den Schwestern gehört, oder auch einmal als Gast in ein anderes Kloster.

Wie sieht es mittlerweile mit den Vorstellungen und Wünschen aus, die sie beim Klostereintritt hatte? „Ich hatte und habe immer

Priorin Sr. Carmen Tatschmurat mit Chor-
mantel im Garten der Kommunität

noch die Vision, dass Klöster und unser spezielles Kloster vor allem die Aufgabe haben, einen Raum freizuhalten, in dem nichts anderes passiert als beten: ein Raum, der auf dieser Welt für Gott freigehalten wird. Gott steht an erster Stelle, und dann kommt erst alles andere." Sie hofft, dass die Tradition, in der die Schwestern stehen, weitergeht und dass sie die Bereitschaft beibehalten, auf die Fragen der Menschen einzugehen, die sich an sie wenden.

Ob Sr. Carmen aus heutiger Sicht wohl ihr Leben in andere Bahnen lenken würde?, frage ich sie: „Ich habe sicher so manche Schleife in meinem Leben gezogen, dazu gehört zum Beispiel mein Kirchenaustritt, von dem ich heute denke, ob er wohl notwendig war. Aber es musste wohl

sein. Ich würde nichts anders machen." Den Klostereintritt sieht sie
nach wie vor als Gewinn: „Ich habe hier eigentlich mehr bekommen, als ich jemals hatte. Dazu gehört zum Beispiel diese Villa in
Nymphenburg mit ihrem Riesengarten. So etwas hatte ich vorher
natürlich nie."

Sr. Carmen muss mit sich im Reinen sein, denke ich mir, als ich
nach unserem Gespräch die Nymphenburger Villa wieder verlasse.

Sr. Dr. Lea Ackermann

Missionsschwestern unserer Lieben Frau von Afrika,
Boppard-Hirzenach

Solidarität mit Frauen in Not

Sr. Dr. Lea Ackermann, Missionsschwestern unserer Lieben Frau von Afrika, Boppard-Hirzenach

Der Blick über den Rhein ist herrlich. Von ihrem Schreibtisch aus hat Sr. Dr. Lea Ackermann eine faszinierende Aussicht. Ihr Büro befindet sich im barocken Pfarrhaus in Boppard-Hirzenach, einem ehemaligen Propsteigebäude. Vor dem imposanten Bau, in dem die Ordensfrau auch wohnt, liegt Richtung Rhein der denkmalgeschützte Barockgarten. Hier, in diesem beschaulichen Örtchen mit vielleicht 50 Häusern, ist die Deutschlandzentrale eines Vereins, der sozusagen international operiert: SOLWODI – Solidarity with Women in Distress. Sr. Lea ist die Gründerin und erste Vorsitzende dieses überkonfessionellen und überparteilichen Vereins. Die deutsche Übersetzung „Solidarität mit Frauen in Not" lässt zunächst nur ahnen, was hinter diesem Begriff steht. Man muss eine Zeitreise in die Vergangenheit unternehmen, um zu schildern, unter welchen Umständen und warum es zur Gründung von SOLWODI kam – und wie es darüber hinaus dazu kam, dass Sr. Dr. Lea Ackermann heute manchmal als „Schwester Courage" oder als „bekannteste Nonne Deutschlands" bezeichnet wird.

Es beginnt 1985 in Kenia. Die katholische Schwester Lea Ackermann wird von ihrem Orden, den Missionsschwestern der Lieben Frau von Afrika – auch „Weiße Schwestern" genannt –, nach Mombasa gesandt. Die Ordensgemeinschaft hat in der kenianischen

Hafenstadt eine Niederlassung. Sr. Lea soll dort Lehrerinnen aus-
bilden. Die Schwestern haben zwar ein Dach über dem Kopf, aber
sonst nicht viel. „Wir waren damals sieben Schwestern aus sieben
verschiedenen Ländern. Im Keller hatten wir ein altes Fahrrad,
das ich benutzen konnte, aber sonst hatte ich nichts", beschreibt
Sr. Lea die Situation nach ihrer Ankunft in Kenia.
Die damals 48-jährige Ordensfrau ist von dem Elend, das sie vor
Ort vorfindet, betroffen. Besonders die Lebenssituation vieler
Frauen in der Hafenstadt schockiert sie. Mombasa gilt als Hoch-
burg des Sextourismus. Frauen vom Land ohne Bildung kommen
in die Stadt und arbeiten als Prostituierte, um den Lebensunterhalt
für sich und ihre Familien zu verdienen. Um nicht zu verhungern,
bieten sie ihren Körper manchmal auch nur für eine karge Mahlzeit
an. Nicht selten passiert es, dass sie misshandelt, geschwängert und
sitzen gelassen werden. Übrigens auch von so manchem Touristen,
der sich in Mombasa ein billiges Vergnügen gesucht hatte. „Alle
paar Monate legte dort ein Schiff der amerikanischen Kriegsmarine
an. Die Besatzung war monatelang nicht von Bord gegangen.
Dann kamen sie in Mombasa an. Das war wie ein Überfall. Wie ein
Heuschreckenschwarm", erinnert sich Sr. Lea noch heute. „Ich sah
damals ganz schlimme Dinge. Ich beobachtete zum Beispiel, dass
manche Prostituierte ihre Babys am Busbahnhof in Kartons ableg-
ten, um kurz mit einem Kunden zu verschwinden."

Die Situation dieser Frauen belastet Sr. Lea ungemein. Sie entschließt sich, auf die Straße zu gehen und mit den Prostituierten
Kontakt aufzunehmen: „Ich wollte mich um Gottes verlorene
Töchter kümmern, die ein unwürdiges Leben führten." Die Ordensfrau scheut sich auch nicht, in das berüchtigte Tanu-Tanu-Viertel
zu gehen. Dort bieten sich die Prostituierten den Einheimischen für
fünf Minuten zum Preis von fünf kenianischen Schillingen an –
„tanu" heißt „fünf" auf Kisuaheli. Im Gespräch mit den Frauen

erfährt Sr. Lea, dass einige zwar über gewisse Fertigkeiten verfügen, beispielsweise im Nähen oder Herstellen von Perlenketten, aber nicht wissen, wie sie diese nutzbringend einsetzen können.

„Da war mir klar, um diesen Frauen zu helfen, brauchte ich ein Startkapital", erzählt die Missionarin, „dann hatte ich eine Idee. Ich schrieb 100 Briefe von Hand, in denen ich die Situation der Frauen schilderte und um finanzielle Unterstützung für sie bat. Die Briefe schickte ich an alle, die in meinem Adressbuch standen. Ich rechnete mir damals aus, wenn jede Person nur 10,– Mark geben würde, hätte ich doch schon 1000,– DM zusammen."
Eigentlich widerspricht diese Aktion ihren damaligen Prinzipien. „Als ich in den Orden eintrat, sagte ich: ‚Lieber Gott, ich stelle Dir alles, was ich habe und kann, zur Verfügung. Aber betteln werde ich nicht'", so erzählt Sr. Lea heute und fährt augenzwinkernd fort: „Das Betteln störte mich nämlich bei Orden, das wollte ich nicht. Ich habe mich auch an meine Aussage gehalten, aber der liebe Gott nicht." Um Spenden und Zuschüsse zu bitten und Gelder zu akquirieren ist ein Bestandteil ihrer Arbeit geworden. Ohne diese notwendigen Aktionen wäre SOLWODI nicht zu dem geworden, was es heute ist.

Mit den ersten Spenden organisiert Sr. Lea 1985 zunächst einen Platz, an dem sie sich mit den Frauen treffen kann. Es ist ein altes Lagerhaus, das ihr der örtliche Bischof zur Verfügung stellt. „Dann ging ich in die Kontaktcafés, Wohnungen und zu den Treffpunkten, um mit den Prostituierten zu sprechen und sie zu mir einzuladen", erzählt Sr. Lea. Mit den ersten Frauen, die kommen, sowie mit Hilfe ihrer Mitschwestern renoviert sie das Lagerhaus und baut es zu einem Begegnungszentrum aus. Dort spricht sie mit den Rat suchenden Prostituierten, fragt sie nach ihren Kenntnissen, Fähigkeiten und Interessen. Sie organisiert weiteres Geld, damit die Frauen Kurse besuchen können und nicht gezwungen sind, weiter auf der Straße anzuschaffen. Für deren Kinder richtet Sr. Lea später ein Day-Care-Center ein. So sind diese in guter Obhut, wenn ihre Mütter verschiedenen Tätigkeiten nachgehen. Manche stellen beispielsweise Backwaren her, andere fertigen Perlenketten. Der Erlös aus dem Verkauf der Produkte erbringt allmählich den Lebensunterhalt der Frauen. Sr. Lea geht es auch darum, diese zur Selbstständigkeit anzuleiten.

Noch 1985 gründet sie SOLWODI Kenia e.V. mit dem Ziel, den in der Prostitution arbeitenden oder in anderer Form benachteiligten Frauen den Weg in eine neue Zukunft zu ermöglichen. „Unser Anliegen ist bis heute, diesen Frauen psychosoziale Unterstützung zu geben, ihnen schulische und berufliche Bildung zu ermöglichen, damit sie ein selbstbestimmtes Leben führen können", sagt Sr. Lea.

Auch um die Töchter der Prostituierten kümmert sich die Ordensfrau. In dem Milieu, in dem sie aufwachsen, haben sie meist keine Chancen. Oft vergehen die Freier sich auch an ihnen. So ist vorgezeichnet, dass sie denselben Weg wie ihre Mütter gehen. Hinzu kommt die Gefahr von AIDS und Tuberkulose, die Mütter wie Töchter betrifft. 2002 wird in Kenia „SOLGIDI" begründet – Solidarity with Girls in Distress = Solidarität mit Mädchen in Not. „SOLGIDI" organisiert Schulprogramme für die Töchter von Prostituierten. Im Jahr 2008 waren es bereits 150 Mädchen, die davon profitierten. Einige Angebote kommen auch deren Geschwistern zugute. Sr. Lea erzählt mit Freude: „Wir besuchen die Mädchen zu Hause, bringen sie in die Schule, kontrollieren ihre Teilnahme am Unterricht und sorgen für ein warmes Essen." Nach dem Schulabschluss übernimmt dann SOLWODI die Ausbildungskosten, damit die Jugendlichen die Basis für ein eigenes Einkommen haben. Manche von ihnen haben übrigens sogar Abitur gemacht und einzelne, besonders begabte Mädchen besuchen ein

College. Für HIV-infizierte Frauen und deren Kinder hat SOLWODI ein eigenes Hilfsprogramm entwickelt.

Sr. Lea ist von 1985 an drei Jahre in Kenia. Bei den Frauen, für die sie sich einsetzt, gewinnt sie viel Vertrauen. Und sie sieht, dass ihre Initiative, die mit 100 handgeschriebenen Briefen begonnen hatte, Früchte trägt. Bei ihrer damaligen Provinzialoberin findet sie in all den Jahren große Unterstützung, ebenso bei Mombasas Erzbischof. Aus politischen Gründen muss sie Kenia jedoch Ende 1987 verlassen.

Zurück in Deutschland hat Sr. Lea das Glück, dass ihre Provinzialoberin zur Generaloberin ihrer Kongregation gewählt wird: „Dann konnte ich mit ihrer Unterstützung hier weitermachen."

Sr. Lea Ackermann mit einer von SOLWODI betreuten Einheimischen 1994 in Mombasa/Kenia

Sr. Lea Ackermann

Und Sr. Lea engagiert sich weiterhin für benachteiligte Frauen. Sie hat ein Auge dafür, wo Hilfe vonnöten ist. Diesmal sind es Migrantinnen, die in Deutschland in Not geraten sind. Manche wurden hierher verschleppt, arbeiten als Zwangsprostituierte, andere sind Opfer von Gewalt oder wurden zwangsverheiratet. 1988 gründet sie den gemeinnützigen Verein SOLWODI Deutschland. Auch dort erhalten die Frauen unter anderem psychosoziale Betreuung, juristische Unterstützung und Integrationshilfen. Wenn notwendig, organisiert SOLWODI eine Unterbringung in Schutzwohnungen. Auch ein Projekt „Rückkehrhilfen" für Frauen, die in ihr Heimatland zurückgehen und dort Starthilfen benötigen, gibt es unter dem Dach der Organisation. Es wird vom Bundesministerium für wirtschaftliche Zusammenarbeit finanziert. „Manche in meinem Orden denken, unsere Hauptaufgaben lägen nach wie vor in Afrika", sagt Sr. Lea heute, „ich aber bin der Meinung, dass unsere Hauptaufgabenfelder nun in Deutschland liegen, weil die Afrikanerinnen inzwischen hier sind."

In ihrem Haus in Hirzenach treffe ich einen farbigen jungen Mann, der im Flur geduldig auf ein Gespräch mit der quirligen Ordensfrau wartet. Seine Mutter ist Kenianerin, der Vater Deutscher. Er hat die Familie verlassen. Die Mutter kam in Kontakt mit SOLWODI, Schwester Lea unterstützte sie dabei, eine Wohnung und Arbeit zu finden. Inzwischen ist die Kenianerin wieder mit ihren jüngeren Kindern in ihr Heimatland zurückgegangen. Der ältere Sohn wollte in Deutschland bleiben. Er begann eine Lehre als Konditor. Sein Deutsch ist perfekt – ebenso der selbstgebackene Käsekuchen, den er mitgebracht hat. Es gab Ärger mit seinem Lehrherrn, und Sr. Lea schaltet sich ein, damit er nicht seine Lehrstelle verliert. Sie hat der Mutter versprochen, ein Auge auf den Sohn zu haben.

Dies gehört zu den täglichen Dingen, mit denen Sr. Lea zu tun hat. Die jung gebliebene 74-Jährige ist nach wie vor an allen Fronten

aktiv. Unser Gespräch wird ab und zu durch Telefonate unter-
brochen, die nicht aufzuschieben sind. Für eine Afrikanerin, die
von ihrem deutschen Mann misshandelt wurde, muss ein Anwalt
organisiert werden; die Mitarbeiterin einer SOLWODI-Niederlas-
sung braucht eine wichtige Information, sie muss sich um einen
Mietvertrag für eine Schutzwohnung kümmern, und die Assistentin
vor Ort benötigt Unterlagen für eine Veranstaltung am nächsten
Tag. Eigentlich wollte Sr. Lea noch fürs Abendessen einkaufen und
den Pfarrer, der mit ihr im Haus wohnt, vom Arzt abholen. Doch
sie nimmt sich viel Zeit für unser Gespräch, denn an ihrer Arbeit
für SOLWODI hängt ihr Herzblut. Zum 25-jährigen Bestehen von
SOLWODI Kenia im Jahr 2010 hat sie von dem dortigen Team ein
Gemälde – es zeigt die heutigen Gebäude des Vereins – geschenkt
bekommen, das sie mir voller Freude zeigt.

In Kenia gibt es zur Zeit zehn SOLWODI-Zentren. „Sie sind Beratungsstellen, Ausbildungszentren und Werkstätten zugleich", sagt
die temperamentvolle Ordensfrau. SOLWODI Deutschland hat mittlerweile 15 Beratungszentren, die über das gesamte Bundesgebiet
verteilt sind. Hinzu kommen sieben Schutzwohnungen. Von den
insgesamt 52 Mitarbeiterinnen sind 16 Ordensschwestern aus zwölf
verschiedenen Gemeinschaften in den deutschen SOLWODI-Stellen
tätig. Zahlreiche Ordensfrauen haben im Laufe der Jahre bei
Sr. Lea in Boppard für einige Monate ehrenamtlich mitgearbeitet
und dann an anderen Orten SOLWODI-Niederlassungen gegründet. „Wir haben ihnen hier den Samen mitgegeben, damit er an
anderen Stellen aufgehen kann", sagt Sr. Lea. Die Zahl der Ordensfrauen geht aber immer mehr zurück, deshalb hat die unabhängige
und überkonfessionelle Organisation inzwischen auch viele weltliche Mitarbeiter, die zum Teil auch die Niederlassungen leiten.

Sr. Lea Ackermann

Sr. Lea ist permanent in Sachen SOLWODI aktiv und unterwegs. Die eloquente Ordensfrau ist auch in der Öffentlichkeit sehr präsent und tritt in Hörfunk und Fernsehen auf: „Ich bin dankbar, wenn die Medien auf mich zukommen und fragen, ob ich über meine Projekte berichten möchte. Ich habe im vergangenen Jahr außerdem rund 60 Vorträge gehalten."

Sr. Lea hatte nie langfristige strategische Pläne, sondern reagierte jeweils auf die Anforderungen, die an sie gestellt, und auf die Probleme, die an sie herangetragen wurden: „Ich war offen für Bedürfnisse und auch immer für neue Impulse." Dabei hätte das Leben der 1937 in Völklingen geborenen Saarländerin ursprünglich einen ganz anderen Verlauf nehmen sollen.

Lea Ackermann wächst zunächst als Einzelkind auf. Die Mutter ist Hausfrau, der Vater Bauunternehmer. Er ist acht Jahre in Krieg und Gefangenschaft. Nach seiner Rückkehr wird Bruder Rainer geboren, da ist Lea schon elf Jahre alt.

Die Familie besucht sonntags regelmäßig die Messe. Die Mutter ist sozial sehr engagiert, besucht Kranke, ist im Mütterverein aktiv und setzt sich für Arme ein. „Es gab Menschen, die sie ‚den Engel von Klarenthal' nannten", erzählt Lea Ackermann.

Die Großmutter mütterlicherseits ist eine sehr fromme Frau. Sie besucht werktags immer die Messe. Sonntags hingegen manchmal nicht, weil sie der Meinung ist, es fehlten ihr der passende Hut oder die richtigen Schuhe. „Später dachte ich mir, das sei doch auch irgendwie sympathisch gewesen, weil sie sich nicht so einengen ließ. Sie ging jeden Werktag in die Kirche und konnte dann ruhigen Gewissens auch am Sonntag mal zu Hause bleiben, was meine Mutter furchtbar aufregte."

Offensichtlich wird Lea von der Großmutter, die eine eigene Wohnung im Haus der Eltern hat, geprägt: „Ich erinnere mich, dass ich schon mit zwölf Jahren meiner Mutter sagte, dass ich ins Kloster gehen wolle. Sie antwortete dann: ‚Weißt du, junge Mädchen haben manchmal solche Ideen. Das hatte ich auch, aber das geht wieder vorbei‘“, erzählt die heutige Ordensfrau. „Ich bin ja an sich sehr nüchtern. Warum ich das damals sagte, weiß ich nicht mehr. Später äußerte ich jedoch ein zweites Mal den Wunsch, ins Kloster zu gehen. Damals war ich 18.“

Bereits mit 17 oder 18 Jahren macht Lea jährlich eine Woche Schweigeexerzitien. „Wenn mich etwas bedrückte, ging ich von der Schule öfter in die Kirche und breitete meine Sorgen vor der Muttergottes aus. Ich machte auch Jugendwallfahrten mit und war Fahnenträgerin. Einmal war ich mit der Fahne in der Kirche. Bei der Predigt schimpfte ein Pfarrer sehr über die Mädchen, die immer diejenigen seien, die die Jungen verführten. Ich ärgerte mich so darüber, dass ich mir während der Predigt überlegte, aus Protest mit der Fahne aus dem Gottesdienst zu gehen. Das machte ich dann aber doch nicht. Und das ärgert mich bis heute“, erzählt Sr. Lea lachend.

Auch eine andere Geschichte macht sie in diesen Jahren wütend. Ein Cousin, der eigentlich Priester werden will, verliebt sich während eines Feriencamps in ein junges Mädchen, das schwanger wird. Mitte der 1950er Jahre kommt dies einer Katastrophe gleich. Die Mutter des jungen Mannes erwartet nun, dass dieser seine Freundin heiratet. Dessen kirchliche Karriere ist damit natürlich beendet. „Ich war damals diejenige in der Familie, die sich darüber am meisten aufregte. Ich dachte mir, wenn man sich für einen solchen Lebensweg entschieden und ein zölibatäres Leben versprochen hat, dürfe man sich doch nicht auf eine Liebschaft einlassen.“

Sr. Lea Ackermann

Irgendwie hatte Lea Ackermann damals hinsichtlich des Klosters Feuer gefangen: „Ich war nicht nur fromm, sondern wollte auch in die große weite Welt hinaus. Das war damals speziell für Frauen nicht so einfach. Die Entwicklungshilfe war noch nicht so organisiert wie heute."

Natürlich hat die junge Frau damals auch Freunde. Sie ist – übrigens bis heute – eine begeisterte Tänzerin. Mit den Jungs geht sie zum Tanzen. Es gibt den ein oder anderen, der sich näher für sie interessiert, aber dieses Interesse erwidert Lea in der Regel nicht: „Ich hatte damals sehr starre Prinzipien und dachte mir, wenn ich etwas mit einem Jungen anfinge, müsse ich ihn auch gleich heiraten. Und es gab niemanden, den ich hätte heiraten wollen." Ein Leben als Hausfrau und Mutter in der saarländischen Provinz lockt sie überhaupt nicht. Das wäre ihr zu langweilig gewesen. Andererseits irritiert die junge Frau damals auch, dass sie nie den Richtigen findet: „Ich dachte mir, ob ich nicht fähig wäre, mich zu verlieben, oder auch zu stolz dazu. Ich wollte zwar einen Tanzpartner, aber keinen Freund. Ich habe mich auch nie auf sexuelle Geschichten eingelassen, weil ich befürchtete, denjenigen nachher heiraten zu müssen." Die Sitten waren Mitte der 1950er Jahre eben noch so. Nach der Schule geht Lea ein Jahr nach Frankreich, um ihre Sprachkenntnisse zu verbessern. In den Jahren 1953 bis 1960 macht sie zunächst eine Lehre bei der saarländischen Landesbank und arbeitet anschließend als Bankkauffrau in Saarbrücken und Paris. Ihr Vater hat sie zu dieser Ausbildung angeregt, weil ihm vorschwebt, dass die Tochter in sein Baugeschäft einsteigen und ihm die Buchführung machen könnte. In all diesen Jahren hat Lea keinen festen Freund.

Um abzuklären, was mit ihr los ist, nimmt sie an einer Wallfahrt nach Lourdes teil. Der Besitzer des Reisebüros, das die Fahrt organisiert, zeigt großes Interesse an der jungen Frau. Auch Lea findet diesen Mann reizvoll: „Es war ein intelligenter Mann, und intelligente Männer waren für mich immer attraktiv." Allerdings hätte eine Beziehung unter ungünstigen Vorzeichen gestanden, weil der Mann 20 Jahre älter als Lea und – was damals als „absolut unmöglich" galt – geschieden war.

„Ich habe ja diese Wallfahrt gemacht, um abzuklären, ob ich mich verlieben kann", erzählt die heutige Ordensfrau rückblickend, „und dann dachte ich mir, dass diese Situation ja bewiesen hat, dass ich es kann. Aber dennoch wollte ich bei meinem Entschluss bleiben, ins Kloster zu gehen."

Ein spezielles Berufungserlebnis, wie manch anderes Ordensmitglied, hatte Lea Ackermann nie, aber: „Mich an Gott im Gespräch zu wenden war bei mir schon immer da, obwohl ich gar nicht so stundenlang beten konnte." Nachdem sie volljährig geworden ist, reift in ihr allmählich der Entschluss, ihren zukünftigen Weg endlich abzuklären. „Mit 23 dachte ich, jetzt muss ich mich endlich entscheiden. Ich kaufte mir dann ein Büchlein, in dem Orden beschrieben waren, und suchte mir zwei Missionsorden aus. Das eine waren die Steyler Missionarinnen, das andere die ‚Missionsschwestern unserer Lieben Frau von Afrika', die auch ‚Weiße Schwestern' genannt werden. Ich hatte als junges Mädchen nie Heim-, sondern immer Fernweh und betrachtete auf dem Weg von meiner Arbeitsstelle zu meinem Bus die Züge am Hauptbahnhof, an dem ich vorbeigehen musste, mit Sehnsucht. Ich wollte einfach die große weite Welt sehen. Das hat mich fasziniert. Deshalb wäre ich nie in eine Gemeinschaft eingetreten, die nur hier in Deutschland ansässig war."

Warum sie sich nicht bei einer Entwicklungshilfeorganisation außerhalb eines Ordens beworben hat, beschreibt Sr. Lea aus

heutiger Sicht so: „Ich hatte schon die Vorstellung, dass Ordensschwestern Wichtiges geschafft haben. Das ganze Bildungswesen
ist von Ordensgemeinschaften ausgegangen, männlichen und
weiblichen. Ich habe auch Teresa von Ávila verehrt und fand, dass
sich Klosterleute um vieles verdient gemacht haben. In dieser Zeit
gab es auch noch keine großen Entwicklungshilfeorganisationen,
die sich besonders hervorgetan hatten.“

An einem Mittwoch schickt Lea Briefe an die beiden Ordensgemeinschaften ab: „Freitags bekam ich von den Weißen Schwestern bereits Antwort. Sie sagten mir, ich solle mich doch einmal bei
ihnen in Trier vorstellen. Heute denke ich, dass dies alles Vorsehung war.“
Vorsehung deshalb, weil sie – Zufall oder nicht – an dem Wochenende, nachdem der Brief eintraf, mit ihrem damaligen Arbeitgeber,
der Saarländischen Landesbank, einen Betriebsausflug nach Trier
unternimmt. „Ich tanzte am Samstag die ganze Nacht durch und
stellte mich sonntags im Kloster vor.“
Nach ihrem Vorstellungsgespräch sagen ihr die Schwestern, sie
würden sie gern aufnehmen. Sonntagabend kommt Lea nach
Hause, und am folgenden Montag ist der letzte Tag des Quartals.
Wenn sie also noch in diesem Quartal kündigen will, muss sie das
sofort tun. Um 16.55 Uhr, fünf Minuten vor Arbeitsschluss, kündigt
sie an diesem Tag. Dann geht sie nach Hause und informiert ihre
Eltern. Sie tut dies erst zu diesem Zeitpunkt, weil sie Diskussionen
vermeiden will: „Da wollte ich mir nicht reinreden lassen.“

„Mein Vater hat sehr geschimpft und meine Mutter nur noch ge-
weint. Es war schrecklich.“ Um seine Tochter umzustimmen, lädt
der Vater sie zu einer Reise ein. Überall, wo sie hinkommen, sagt
er zur Tochter: „Das wirst du alles nicht mehr sehen, wenn du ins
Kloster gehst. Überleg es dir gut!“ Lea antwortet geduldig: „Ja, ich

weiß." Worauf der Vater konstatiert: „Sie ist so stur, dass sie sogar im Kloster bleiben wird."

Nach ihrer Kündigung in der Bank erzählt Lea Ackermann niemandem, wohin sie gehen wird. Auch ihre Freundinnen weiht sie nicht ein: „Ich war dann einfach weg."

In der Bank wäre Lea auf Dauer nicht glücklich geworden: „Ich dachte immer, dass ich mit meinem Leben etwas Wertvolles anfangen wolle. Ich hatte auch die Idee, Lehrerin zu werden." Als sie dann im Kloster ist, hat sie schon ein bisschen Angst, wo man sie hinschicken würde. „Ich dachte mir, hoffentlich musst du nicht zeit deines Lebens Küchendienst machen. Ich wollte auch nicht Sekretärin irgendeines Bischofs sein. Zum Glück wurde mein Wunsch erfüllt, und ich durfte Lehrerin werden."

Ein halbes Jahr Postulat und eineinhalb Jahre Noviziat verbringt Lea Ackermann in Trier. In dieser Zeit darf sie das Kloster nicht verlassen und auch die Eltern nicht besuchen. Aus Lea wird bei der Einkleidung Sr. Leontia: „Ich war immer so stolz auf meinen Taufnamen Lea und fand Leontia damals ganz furchtbar, gewöhnte mich dann aber an diesen Namen." Nach dem Zweiten Vatikanischen Konzil entscheidet die Ordensgemeinschaft der Weißen Schwestern, dass man seinen Taufnamen wieder annehmen könne. Die Saarländerin macht dann von dieser Möglichkeit Gebrauch. Aus Leontia wird wieder Lea.

In den ersten Klosterjahren trägt Sr. Lea den Habit. Sie zieht ihn auch nicht aus, wenn sie zu Hause Ferien macht. Heute besitzt sie keinen mehr: „Ich lehne den Schleier auch ab. Wenn ich dann in der männlich geprägten katholischen Kirche höre, dass vor allem der vorige Papst, Johannes Paul II., darauf rumreitete, dass wir einen Schleier tragen sollten, denke ich mir, dass ich doch mein ganzes Leben in den Dienst von Kirche und Evangelium gestellt

Sr. Lea Ackermann

habe, und dann sollen mir die Männer nicht auch noch vorschreiben, was ich anzuziehen habe."

In den Jahren 1962/1963 geht die junge Ordensfrau für ein Jahr nach Toulouse. Gemeinsam mit weiteren Schwestern ihrer Gemeinschaft aus anderen europäischen Ländern absolviert sie ein theologisches Jahr an der Hochschule der dortigen Dominikaner. Als sie nach Deutschland zurückkommt, hofft sie, nun endlich nach Afrika gehen zu können. Aber sie muss sich noch gedulden.

Zunächst wird sie in den Jahren 1963 bis 1966 zum Studium an die Frauenfachschule der Armen Schulschwestern nach München geschickt. Dann folgt bis 1967 ein pädagogischer Lehrgang. „Ich war bereits sieben Jahre im Kloster, als ich dann endlich zum ersten Mal nach Afrika gekommen bin." Erst ein Jahr danach kann

Sr. Lea Ackermann 1961 bei der Feier der Einkleidung mit Eltern und Bruder

sie die ewigen Gelübde ablegen, weil dies in ihrem Orden erst acht Jahre nach dem Eintritt möglich ist.

Von 1967 bis 1972 ist Sr. Lea Ackermann zu ihrem ersten Auslandseinsatz in Ruanda. Sie ist dort Lehrerin an einer Mittelschule für Mädchen mit angeschlossenem Internat. Dazu gehört auch ein Lehrerinnen-Seminar, in dem sie als Ausbilderin tätig ist. Zunächst lernt die Ordensfrau die Landessprache Kinyarwanda. Unterrichtssprache ist Französisch, weil Ruanda bis 1962 belgisches Mandatsgebiet war. Ab 1970 ist Sr. Lea auch Direktorin ihrer Schule. Fünf Jahre lang lebt Sr. Lea in Ruanda. Sie genießt dort große Selbstständigkeit. Sie führt ein neues Schulsystem ein und erweitert die Schulgebäude. Dafür schleppt sie mit ihren Schülerinnen selbst Steine. Auch eine Lehrküche entsteht in der Schule. Die Missionarin versucht, den Menschen beizubringen, wie sie mit Bordmitteln etwas Sinnvolles herstellen können. Unter anderem ruft sie einen Wettbewerb aus, bei dem alle Mitwirkenden Kochrezepte mit landestypischen Zutaten entwickeln müssen: „Mir war es zum Beispiel nicht so wichtig, wer in den Schulfächern die besten Noten hatte, sondern wer sich am meisten engagierte. Unsere zukünftigen Lehrerinnen mussten in die Dorfschulen gehen und Probeunterricht halten. Sie sollten lernen, mit den dortigen Bedingungen zurechtzukommen. Mir war es wichtig zu sehen, wie sie sich bewährten, wenn sie in diesen Filialschulen auf sich allein gestellt waren." Sr. Lea bewältigt ihre Aufgaben mit Begeisterung und großem Engagement. Noch heute ist sie mit einigen Schülerinnen von damals in Kontakt. In ihrer Zeit in Ruanda baut sie ein gutes Netzwerk auf. Unter anderem pflegt sie Beziehungen zur Deutschen Botschaft, die sie dazu bewegen kann, für ihre Schülerinnen eine Reise durch Ruanda zu finanzieren, denn diese kennen ihr eigenes Land und seine Schönheiten nicht.

Sr. Lea Ackermann

„Ich fand die Arbeit dort sinnvoll und befriedigend. Mir war
immer wichtig, mit den dortigen Menschen zusammen etwas für
die Zukunft auf die Beine zu stellen. Ich fand zum Beispiel, dass
das Schulsystem zu wenig auf die Befindlichkeiten der Menschen
einging. Ihnen hat man das europäische Schulsystem übergestülpt.
Darüber habe ich ja auch später meine Dissertation geschrieben."

Im Jahr 1972 kommt Sr. Lea auf eigenen Wunsch nach Deutsch-
land zurück. Sie will vor allem aktuelle Schulbücher für Ruanda
kaufen und sich selbst als Ausbilderin für Lehrkräfte fortbilden.
In München studiert sie dann in den Jahren 1972 bis 1977 Päda-
gogik mit den Nebenfächern Psychologie und Pastoraltheologie.
Sie schließt das Studium mit der Promotion zum Dr. phil. ab. Das
Thema ihrer Dissertation: „Erziehung und Bildung in Ruanda –
Probleme und Möglichkeiten eines eigenständigen Weges".

Nach Abschluss des Studiums kommt die Ordensfrau zunächst
nicht wieder in ein afrikanisches Land, sondern arbeitet zwischen
1977 und 1984 als Bildungsreferentin bei Missio München. Von
ihrem Orden wird sie freigestellt, um Lehrer fortzubilden, und sie
unterrichtet auch in Priesterseminaren. Gleichzeitig arbeitet sie
als Dozentin für Sozialpädagogik an der Katholischen Universität
Eichstätt. Die Arbeit ist für sie sehr interessant. Mit Missio kommt
sie in dieser Zeit wieder einmal nach Afrika – nämlich Tansania
und Zaire –, außerdem nach Thailand und auf die Philippinen.
Durch diese Reisen kann sie viele neue Kontakte knüpfen: „Ich
war vor allem von den philippinischen Schwestern begeistert. Sie
haben daran gearbeitet, die Armen auszubilden, damit sie selbstbewusst und unabhängig werden. Dabei arbeiteten Schwestern aus
verschiedenen Missionsorden zusammen, gingen in die Slums und
leisteten dort Aufbauarbeit. Das waren praktisch Revolutionäre.
Das fand ich toll."

Zwölf Jahre lang ist Sr. Lea nicht mehr in der äußeren Mission tätig, bis sie 1985 dann nach Kenia geht. Und dort beginnt die Geschichte von SOLWODI.

SOLWODI ist Sr. Lea Ackermann, und Sr. Lea ist SOLWODI: „Ja", sagt die Ordensfrau, „aber SOLWODI muss bekannter werden als ich, sonst stimmt das Ganze nicht mehr."

Wie sieht die Zukunft aus? „Da es immer weniger Schwestern gibt, konnten die Orden bisher niemanden als meine Nachfolgerin zur Verfügung stellen. Die jungen Schwestern, die heute noch da sind, müssen für die Verwaltung des Ganzen da sein. Deshalb werden sich die Leiterinnen aller 15 Beratungsstellen in den nächsten Monaten treffen und über den notwendigen Strukturwandel sprechen. Denn ich möchte meine Arbeit doch reduzieren." Aus dem Kreis der Leiterinnen, die vielfach keine Ordensfrauen mehr sind, soll eine als Nachfolgerin gewählt werden. Sr. Lea möchte sich dann verstärkt der Öffentlichkeitsarbeit widmen.

Sr. Lea Ackermann vor dem Abflug nach Ruanda 1967

Sr. Lea Ackermann

„Ich denke, es war gut so, wie es in meinem Leben lief. Und ich bin dankbar für alles, was ich gut hingekriegt habe." Wie hat die Ordensfrau bei allen Aufgaben ihr geistliches Leben pflegen können?, frage ich sie. Der Konvent, zu dem sie gehört, wohnt im zwei Kilometer entfernten Bad Salzig. Ihre Gebetszeiten versieht Sr. Lea allein: „Ich wäre nie in einen kontemplativen Orden eingetreten. Dafür habe ich wirklich keine Berufung. Ich habe eine sehr freie Gebetsform. Ich weiß nicht, ob die so anerkannt ist. Ich bete sehr viel, aber nicht so formell. Aber alles hat sich wunderbar gefügt."

Für ihre Arbeit hat Sr. Dr. Lea Ackermann zahlreiche Auszeichnungen erhalten, darunter das Bundesverdienstkreuz, den Ketteler-Preis, den Romano-Guardini-Preis, den Bayerischen Verdienstorden, die Auszeichnung „Frau Europas", den Bul le Mérite, den Kinderschutzpreis und die Ehrendoktorwürde der Universität Luzern. Man kann davon ausgehen, dass weitere Preise folgen werden – mit Recht, wenn man auf ihr Lebenswerk blickt.
Wie hat die heute 74-Jährige, die mich zum Ende unseres Gesprächs noch ein Stück im Auto mitnimmt, bisher in ihrem Leben allen Anforderungen gerecht werden können, will ich zum Abschied wissen: „Ich bin eine erfahrene Krisenmanagerin", antwortet Sr. Lea, winkt mir zu und braust davon. Zum nächsten Termin.

Sr. Cosima Kiesner

Congregatio Jesu, Zentrum Maria Ward, Augsburg

Die Entdeckung der Farbe Rot

Sr. Cosima Kiesner, Congregatio Jesu,
Zentrum Maria Ward, Augsburg

Ihr Terminkalender ist eng getaktet. Nach einigem Hin und Her finden wir schließlich eine Möglichkeit zu einem Treffen. Sr. Cosima kann den Termin trotz vieler anderer Verpflichtungen noch unterbringen. Bei unserem Gespräch ist sie ganz entspannt und nimmt sich viel Zeit dafür.

Schließlich gibt es ja auch einen wichtigen Anlass: Sr. Cosima Kiesner ist ein Vierteljahrhundert im Kloster und feiert in diesem Jahr ihr 25-jähriges Ordensjubiläum: Zeit für eine Bestandsaufnahme und einen Rückblick.

Wäre Sr. Cosima in der freien Wirtschaft tätig, könnte man sagen, dass sie Karriere gemacht hat. Doch im Ordensleben verwendet man solche Begriffe nicht gern.

Die Jesuitin liebte schon als Teenager die Oper und wollte Dramaturgin werden. Ihr Leben hat sich dann völlig anders entwickelt. Aber man könnte sagen, dass sie des Öfteren dramaturgische Fähigkeiten brauchte, um alles, was an sie herangetragen wurde, auf die Reihe zu bekommen und sinnvolle Lösungen zu finden. Und manchmal war es auch „große Oper", was sie im Laufe der letzten Jahrzehnte so erlebte.

Seit dem Frühjahr 2011 ist Sr. Cosima Leiterin des Zentrums Maria Ward in Augsburg. Dieses spirituelle Haus der Congregatio Jesu veranstaltet Exerzitien und geistliche Tage. Es dient der Verbrei-

Sr. Cosima Kiesner

tung und schöpferischen Entfaltung der Spiritualität der Ordensgründerin Mary Ward. Darüber hinaus unterstützt es Maria-Ward-Schulen vor Ort in der Erhaltung des ignatianischen Geistes. Im Exerzitien- und Tagungshaus der Maria-Ward-Schwestern finden jährlich rund 200 Veranstaltungen statt. Einen Teil davon organisieren externe Gruppen wie Caritas, Kolpingverein oder Pfarrgemeinderäte. Die meisten Veranstaltungen führen die Maria-Ward-Schwestern jedoch selbst durch.

Die aus Yorkshire stammende Maria (Mary) Ward (1585–1645) begründete 1609/10 diese Ordensgemeinschaft von Frauen nach dem Vorbild der Jesuiten. Die Schwestern waren vor allem im Erziehungsbereich tätig. Sie gründeten zahlreiche Schulen, die sich durch die Qualität des Unterrichts einen guten Ruf erwarben. Seit 2004 tragen die Maria-Ward-Schwestern den Namen „Congregatio Jesu". Die Initialen „CJ" hinter dem Nachnamen jeder Schwester verweisen auf die neue Ordensbezeichnung. Heute leben rund 2000 Schwestern in 20 Ländern, davon 530 in der deutschen Provinz. Die meisten sind zwischen 80 und 90 Jahre alt. Eine Entwicklung, mit der viele Orden heute zu kämpfen haben.

Die 1962 in Berlin geborene Cosima Kiesner gehört damit zur jüngeren Schwesterngeneration, auf deren Schultern viel lastet. Da ist Flexibilität angesagt, nicht nur hinsichtlich der Aufgabengebiete, sondern auch der Tätigkeitsorte. So musste Sr. Cosima immer wieder ihre Arbeitsplätze wechseln. Musste sich neue Kenntnisse aneignen, ohne die alten wirklich vertiefen zu können: „Ich würde gern mal irgendwo Expertin sein, und dann kriege ich immer noch so ein neues Feld, wo ich dann irgendwie was anfange. Aber so ist es." Der Berliner Tonfall ist bei der Endvierzigerin nach wie vor unverkennbar. Auch der Berliner Humor, der bei ihr gepaart ist mit Bodenständigkeit und einer zupackenden Art. Kein Wunder, dass

Cosima Kiesner im Alter von vier Jahren im April 1966

ihre Mitschwestern ihr immer wieder neue Aufgaben übertrugen, weil sie sich wohl dachten: „Sr. Cosima wird's schon richten."

Der jetzige Aufgabenbereich als Leiterin des Maria-Ward-Zentrums stellt an die Ordensfrau vielfältige Anforderungen. Natürlich gibt es viel Verwaltungsarbeit, aber daneben muss für die Auslastung des Hauses gesorgt, es müssen Veranstaltungen konzipiert, organisiert und geeignete Referenten gefunden werden. Regelmäßig leitet Sr. Cosima auch selbst Seminare oder Einkehrtage. Dabei ist oberste Priorität, dass die Schwerpunkte und die Spiritualität des Ordens im Zentrum stehen. „Wir sind sehr von dem Image geprägt, ein Schulorden zu sein. Dieses Image hat aber häufig verdeckt, dass wir aus der Spiritualität Ignatius' von Loyola schöpfen. An deren Darlegung und Verbreitung arbeiten wir momentan verstärkt. Das ist eine ganz schöne Sache, dass ich da mitgestalten kann", erläutert Sr. Cosima.

Ein interessantes Veranstaltungsprogramm zu gestalten reicht allein noch nicht aus, sondern es muss natürlich auch beworben werden. Neben den Stammkunden müssen immer wieder neue

Kursteilnehmer akquiriert werden. Dabei ist die Kostenstruktur ganz wichtig, denn die Kunden vergleichen Angebote und Preise sehr genau mit denjenigen anderer Anbieter. Das Maria-Ward-Zentrum arbeitet also nicht im wettbewerbsfreien Raum, sondern muss auch selbst die Mitbewerber immer im Auge haben. Für Sr. Cosima bedeutet dies zum einen harte Preispolitik, zum andern auch Werbemaßnahmen. In Werbemitteln muss sie den sogenannten „usp" (unique selling proposition), also den speziellen Nutzen ihrer Angebote, herausstellen. Da geht es ihr nicht anders als anderen Dienstleistern auf dem freien Markt.

Was in diesem Zusammenhang Sinn macht: Sr. Cosima ist auch für die Öffentlichkeitsarbeit zuständig. Denn auch Orden betreiben heutzutage Öffentlichkeitsarbeit, vor allem solche, deren Wirken sehr nach außen gerichtet ist. Ordensmitglieder geben Interviews, gehen in Hörfunksendungen, nehmen gelegentlich an Talkrunden teil und nutzen damit die modernen Medien zur Übermittlung ihrer Botschaft.

Sr. Cosimas breites Tätigkeitsfeld ist also absolut dem einer weltlichen Managerin in einem mittelständischen Unternehmen zu vergleichen. Mit einem Unterschied: Hier werden andere Inhalte transportiert.

Ein Angebotsschwerpunkt im Augsburger Maria-Ward-Zentrum ist das Themenfeld „Ignatianische Pädagogik". Die Maria-Ward-Schwester betrieben bis vor kurzem vor allem Bildungseinrichtungen und Schulen für Mädchen. Viele Ordensschwestern waren in Erziehungs- und Lehrberufen tätig. Da der Nachwuchs im Orden in den letzten Jahrzehnten immer weniger wurde, übergab er seine Schulen an Diözesen oder andere Träger. Die Lehrerkollegien bestehen inzwischen aus weltlichen Lehrkräften, die aber den Unterricht weiter im Geiste Maria Wards durchführen möchten. Sie buchen daher regelmäßig Fortbildungsveranstaltungen.

Auch Sr. Cosima ist ausgebildete Pädagogin. Nach ihrem Noviziat begann die studierte Kirchenmusikerin mit 26 Jahren in München ein Zweitstudium mit der Fächerkombination Deutsch und Religion für das Lehramt. Ihr Referendariat machte sie in Passau und kam dann anschließend an die Maria-Ward-Schule nach München. „Ich unterrichtete dort Deutsch, Religion und Musik. Eine schöne Fächerkombination, mit der für mich auch ein pastoraler Einsatz möglich war."

Fünf Jahre lang war Sr. Cosima als Lehrerin tätig, dann entschied sie sich für einen anderen Weg: „Ich stellte immer mehr fest, dass ich mit diesem Schulsystem nicht klarkam, weil der Mensch dort zu wenig im Blick ist. Das finde ich ein Stück unvereinbar mit dem, was ich als Ordensfrau möchte. Wenn man zum Beispiel als Klassenleiterin seine eigene Klasse nur drei Stunden unterrichtet, kann man nicht an die Schüler rankommen. Die Ebene des gemeinsamen Entdeckens und Lernens finde ich schön, und ich denke immer noch gern an die Schülerinnen, aber ungern an diese Verwaltungsgeschichten."

In ihrer Zeit als Lehrerin entschied sich Sr. Cosima übrigens dafür, auf ihr Ordensgewand zu verzichten. Auf Wandertagen oder an Schulfesten gaben ihr die Schülerinnen immer mal wieder zu verstehen, dass ein offener und persönlicher Umgang mit ihr leichter wäre, wenn sie ohne Habit in die Schule käme. „Ich fragte mich dann: Ist das etwas, das mich eventuell auch von anderen Menschen abhält und eine gewisse Distanz schafft? Das ist ja irgendwie so, als wenn ich dauernd im Hochzeitskleid rumlaufen würde", erzählt sie heute, „deshalb entschied ich mich, den Habit nur noch an kirchlichen Hochfesten wie Weihnachten, Ostern oder Pfingsten zu tragen." Den Maria-Ward-Schwestern ist das Tragen des Ordenskleids ohnehin freigestellt, man muss es nur mit der Provinzoberin abstimmen. „Noch steht in meinem Testament, dass ich im Ordens-

Sr. Cosima Kiesner

kleid begraben werden möchte", schmunzelt Sr. Cosima, „aber das ist eine Sache zwischen Gott und mir. Wahrscheinlich werde ich es zur Feier meiner 25-jährigen Profess mal wieder tragen."

Im Jahr 2001 übernimmt Sr. Cosima eine Aufgabe bei der Diözesanstelle „Berufe der Kirche". Gemeinsam mit einem Priester und einer Gemeindereferentin bildet sie ein Team, das junge Menschen berät, die Orientierung auf dem Weg in einen kirchlichen, pastoralen oder sozialen Beruf suchen. „Das ist eigentlich mein

Cosima Kiesner 1984 als Studentin in Berlin

Leib- und Magenthema", erinnert sich Sr. Cosima an diese Zeit. „Vor allem an die Orientierungsgespräche mit den jungen Leuten denke ich gern zurück. Das waren Menschen, die auf der Suche nach einem anderen Wert waren und sich ein Stück Sensibilität bewahrt haben. Wenn man da so zusammenlegt, was jeder empfindet und für wert hält, ist das immer eine Bereicherung."
Zu ihren Aufgaben gehört es in dieser Zeit auch, in die Dekanate zu gehen und mit Priestern oder Ordensleuten zu sprechen, die nach 40 oder 50 Jahren ihre

ursprüngliche Berufung wieder einmal an die Oberfläche holen und beleuchten wollten. „Das kann manchmal im Alltag versickern", berichtet Sr. Cosima, „und den Anfangspunkt der Berufung muss man pflegen."

Wie geht es denn Sr. Cosima persönlich in diesem Punkt? „An meiner Berufung habe ich nach dem Ordenseintritt nie gezweifelt. Ich habe aber immer Phasen gehabt, in denen ich zum Beispiel mit dem Ablauf meines Alltags oder in der Kommunität nicht glücklich war. Da kam immer mal der Gedanke: ‚Könnte ich es mir nicht leichter machen?' Aber nie im Hinblick auf die Berufung selbst."

Es gab durchaus Zeiten, in denen die Ordensfrau mit ihrem selbstgewählten Weg haderte: „Es gab eine schwierige Phase, in der ich eine Entscheidung, die die ganze Provinz betraf, nicht verstanden habe. Da habe ich schon mal überlegt, ob ich das mittragen oder nicht die Konsequenz ziehen sollte, die nach außen sichtbar wird. Ich habe für mich dann die Lösung gefunden, nicht rauszugehen aus dem Orden, sondern meine Meinung in der Gemeinschaft deutlich zu machen, auch wenn ich mir dadurch vielleicht Feinde mache. Ich wollte nicht einfach mitlaufen." So ist Sr. Cosima in ihrer Position bei „Berufe in der Kirche" eine Gesprächspartnerin, die weiß, wovon sie redet. Sie fühlt sich dort auch am richtigen Platz und bedauert es daher sehr, als sie schon nach drei Jahren eine andere Aufgabe übernehmen muss.

2005 wird sie als Provinzassistentin in die Provinzleitung berufen. Der Orden der Maria-Ward-Schwestern hatte zu diesem Zeitpunkt im deutschsprachigen Gebiet – Deutschland, Österreich, Schweiz und Südtirol – acht Provinzen. Nun entschied die Ordensleitung, diese acht Provinzen zu einer einzigen mit Sitz in München zusammenzulegen. Damals lebten rund 600 Schwestern in 50 Niederlassungen. Diese Umstrukturierung und Konsolidierung ist ein großer Akt für den Orden. Vier hauptamtliche Provinzassistentinnen unterstützen die Provinzleitung dabei: „Wir haben Regionen und Aufgaben aufgeteilt. Ich hatte dann 13 Niederlassungen zu betreuen. Es wurden auch welche geschlossen in den letzten Jahren, weil einfach der Altersdurchschnitt der Schwestern zu hoch war. Und irgendwann muss man dann aufpassen, ob sich eine Kommunität noch selbst versorgen kann. Die Schwestern der aufgelösten Niederlassungen wurden dann in andere Gemeinschaften aufgenommen. Versetzungen sind ja bei uns nichts ganz Ungewöhnliches."

Zu Sr. Cosimas Aufgaben gehört es in dieser Zeit auch, die einzelnen Kommunitäten beim Wechsel der Oberinnen zu begleiten. Diese werden nicht von den Gemeinschaften gewählt, sondern von der Provinzleitung eingesetzt. Ihre Amtszeit dauert in der Regel drei Jahre und kann immer wieder verlängert werden. Bevor dies erfolgt, muss allerdings die Gemeinschaft gehört werden. „Da muss man immer überlegen, wie es weitergeht. Wo man die Amtszeit verlängern kann und wo es nicht möglich ist, zum Beispiel auch aus Altersgründen."
Die Altersstruktur ist ein großes Problem der Maria-Ward-Schwestern. Sie führt dazu, dass auch immer wieder einmal Niederlassungen geschlossen werden müssen: „Wir hören auf der einen Seite auf, aber fangen auch immer wieder mal irgendwo an. In den letzten Jahren haben wir zum Beispiel eine Gemeinschaft in Hannover und eine im Bistum Erfurt gegründet. Im Moment überlegen wir, ob wir eine Neugründung in Frankfurt vornehmen sollen. Wir sind nicht nur im Abgang oder Niedergang, sondern wir verändern uns auch."
Ordenseintritte erfolgen heute häufig erst mit 30 oder 35 Jahren, manchmal auch mit Anfang 40. Es sind dann schon gestandene Frauen mit abgeschlossener Ausbildung, Beruf und entsprechender

Lebenserfahrung. Für Sr. Cosima ist dabei ganz wichtig: „Wie schaffen wir es, dass die wenigen jungen Schwestern, die kommen, einen guten Lebensraum haben und nicht vielleicht in der kompletten Altersheimstruktur untergehen?"

Sr. Cosima hat ihre erste Anrufung mit 16 erfahren. Die als drittes von vier Kindern geborene Tochter eines katholischen Lehrerehepaars war auf Klassenfahrt in Paris. Sie hörte eine Stimme, die nicht ihre eigene war: „Es war wie was Fremdes. Aber es war da: ‚Werde Ordensschwester!' Es war auf der einen Seite etwas ganz Konkretes, und dann auch wieder nicht. Das war mir so fremd, denn ich wollte eigentlich immer eine große Familie mit vielen Kindern haben, wie bei uns zu Hause. Ich fand das toll." Cosima hatte nie in ihrem Leben an einen Klostereintritt gedacht und ist froh, dass sie ohnehin noch zu jung für einen solchen Schritt ist.
Um den Vorfall zu vergessen, stürzt sie sich mit ihren Schulfreundinnen ins Pariser Leben. Die ahnen natürlich nichts von dem, was Cosima widerfuhr, finden nur, dass sie ein bisschen „schräg drauf" ist. Auch ihre Familie weiht Cosima nicht ein: „Es hatte eben damals noch nicht diese Basis, dass ich dem hätte vertrauen können. Das ist erst gewachsen. Heute finde ich toll, wie Gott so was einrichtet."
Bis zum Abitur legt sie Gedanken ans Kloster erst einmal ad acta: „Aber so ganz konnte ich das nicht verdrängen. Wenn zum Beispiel eine Fürbitte im Gottesdienst gesprochen wurde, dass Menschen eine Berufung zum Ordensleben erfahren sollten, dann war mein Erlebnis von Paris wieder ganz frisch da."

Nach dem Abitur beginnt Cosima, sich unverbindlich darüber zu informieren, welche Ordensgemeinschaften es gibt. Sie geht für einige Tage in ein Benediktinerinnenkloster in Bonn. Aber sie ist der Meinung, Gott solle ihr noch eindeutigere Zeichen geben, was

Sr. Cosima Kiesner

er mit ihr vorhat. „Ich dachte damals: ‚Wenn Gott will, dass ich ins Kloster gehe, dann muss er das jetzt klarmachen.‘ Ich konnte mich nicht entscheiden." Eine Entscheidung wird dann nochmals vertagt, weil die Benediktinerinnen nur Frauen mit abgeschlossener Berufsausbildung aufnehmen. Damit hat Cosima plötzlich noch einmal Jahre, in denen sie nachdenken kann.

Sie studiert Kirchenmusik, nimmt Orgelunterricht und wohnt weiterhin bei den Eltern in Berlin. Interesse an einer Partnerschaft gibt es durchaus: „Familie und Kinder, das war ja meine Lebensplanung! Aber dass es mal so richtig von zwei Seiten funkte, das passierte nicht. Es kam auch nie so weit, dass ich mal überlegt hätte, mit jemandem zusammenzuziehen. Das waren mehr so diese Probefreundschaftsgeschichten."

Mit 23 flammt plötzlich die Begeisterung für ein Klosterleben erneut auf durch das Erlebnis einer Priesterweihe in Rom: „Dieses Zeugnisgeben mit dem eigenen Leben hat mich fasziniert." Cosima steht kurz vor dem Ende ihres Studiums, arbeitet aber bereits als Kirchenmusikerin in einer Pfarrei in Berlin-Tempelhof. „Für mich waren Kirche und Messe ein Stück weit Arbeitsplatz geworden. Ich hatte am Wochenende eben meine fünf Messen, die ich gespielt habe." Die Begeisterung für eine engere Beziehung zu Gott wächst. Wenn sie beispielsweise in der Osternacht in ihrer Pfarrei Orgeldienst hat, geht sie danach in eine andere Pfarrei, um selbst die Messe mitfeiern und zur Kommunion gehen zu können. „Da habe ich immer wieder versucht, mit Gott zu reden, und habe ihn gefragt, was das jetzt soll. Ohne diese ‚Trockenzeit‘ wäre die Wende wohl nicht gekommen, sich auf Gott einzulassen."

In dieser Zeit der Warteschleifen wird ihr eines klar: Falls sie sich wirklich für einen Weg ins Kloster entscheidet, soll es ein apostolischer, also ein karitativ wirkender Orden sein: „Vorher dachte ich, ein strenger Orden wie die Benediktiner sei besser, weil ich da nicht so mit der Welt konfrontiert würde. Aber dann hat Gott mich wohl auf eine andere Denkspur gebracht. Ich wollte die Welt ja eigentlich nicht verlassen."

Bei ihrer Suche nach apostolischen Gemeinschaften stößt Cosima auch auf die Maria-Ward-Schwestern und das Maria-Stern-Kloster in Augsburg. 1985 fährt sie für eine Woche in die Münchner Niederlassung der Schwestern. Es ist zufällig die Festwoche zum 400. Geburtstag von Maria Ward. Einen Orden in Berlin sucht sie bewusst nicht: „Wahrscheinlich wegen der damaligen Insellage Berlins und weil es zu nah bei meiner Herkunftsfamilie gewesen wäre, was immer zu Spannungen geführt hätte."

Als sie aus München zurückfährt, wird ihr klar, dass dies der richtige Platz ist: „Als die Entscheidung gefallen war, hatte ich es plötzlich eilig." Im Frühjahr 1986 tritt Cosima Kiesner in München in den Orden der Maria-Ward-Schwestern ein. In dieser Gemeinschaft mit ihrer hohen Weltverantwortung fühlt sie sich von Anfang an gut aufgehoben: „Die Rahmenbedingungen sind sehr flexibel, und ich werde auch in meiner Intellektualität gefordert. Das habe ich da alles entdeckt."

Als die Entscheidung steht, sagt die Familie klar Unterstützung zu, auch wenn es der Mutter schwerfällt: „Sie hatte wohl Bedenken, die Tochter zu verlieren, auch weil das Kloster so weit weg von Berlin ist." Ihre drei Geschwister stehen zu ihrem Schritt. Heute weiß sie, dass dies nicht selbstverständlich ist. Es gehört Mut dazu, offen damit umzugehen, dass die eigene Schwester Ordensfrau geworden ist. Ihren Taufnamen kann Cosima übrigens im Kloster behalten.

Zu Beginn muss Cosima erst einmal damit klarkommen, dass sie nur von Frauen umgeben ist. 70 Schwestern leben damals in der Münchner Niederlassung. „Ich habe mich in der ersten Zeit wie ein Lehrling gefühlt. Ich wurde in der Küche eingesetzt, beim Hausputz, in einem benachbarten Ordenskrankenhaus und in der

Sr. Cosima Kiesner

Pfarrei." Ausgebildet wird sie unter anderem in ignatianischer Spiritualität, biblischen Grundlagen und Exegese. Die Maria-Ward-Schwestern haben durch ihre ignatianische Prägung die kirchenrechtliche Verpflichtung zu geistiger Betrachtung und zum Stundengebet. Aber wann das Stundengebet gesprochen wird, ist jedem selbst überlassen. Jeder muss sich das in seinen Alltag einbauen, was den beruflichen Verpflichtungen der Ordensfrauen entgegenkommt. Um ihre Gemeinschaft zu pflegen, treffen sich die Kommunitäten dann in der Regel einmal am Tag zum gemeinsamen Gebet oder zur Messe.

Die Pflege des Gebets ist aus Sicht von Sr. Cosima eine wesentliche Aufgabe der Orden heute: „Diese Entdeckung von Gott als einem echten und ernst zu nehmenden Gesprächspartner ist eine Form von Glaubensvermittlung, die ich immer noch für zu wenig bekannt halte. Ich glaube, dass es bei vielen Menschen immer noch eine ganz große Suche gibt nach einer Anleitung zum echten Gebet, und diesbezüglich gibt es auch viele Missverständnisse. Es wird manches zu sehr eingeengt auf eine spezielle Form von Gebet. Die Menschen dort hinzuführen, einzuladen, zu befähigen, in diese Form von Gespräch zu kommen, ist etwas Unschätzbares für jeden Einzelnen, aber auch für die Kirche."

Seit ihrem Eintritt ist nun ein Vierteljahrhundert vergangen. Ihr halbes Leben hat Sr. Cosima Kiesner im Kloster verbracht. Ihre Bilanz: „Mit Blick auf 25 Jahre Ordensleben habe ich ein bisschen gemischte Gefühle. Auf der einen Seite hätte ich mir manches nie vorstellen können, gerade auch in dieser Vielfältigkeit. Dass alle paar Jahre wieder was ganz Neues kommt, das verwundert mich irgendwo auch. Das, was mich selbst freut, ist, dass ich mir immer wieder was erobern kann. Dass ich immer wieder mit neuen Anforderungen umgehen lerne. Was mich ein bisschen traurig macht, ist, dass meine geliebte Musik nur noch am Rande eine Rolle spielt. Ich habe mir immer noch mal einen Chor gesucht, um nicht ganz den Kontakt zur Musik zu verlieren."

Wenn jetzt eine 16-Jährige auf sie zukäme und ihr erzählte, dass sie einen Ruf verspüre, ins Kloster zu gehen, so wie es Cosima in diesem Alter erlebte, würde sie ihr empfehlen, erst zu entdecken, was sie wirklich will. Welche Lebensziele sie selbst hat, und dass sie sich an keiner Stelle verkrampfen solle.

Was wünscht sich die Ordensfrau für die nächsten 25 Jahre?
Sr. Cosima schmunzelt: „In dem Alter, in dem ich dem Orden beitrat, hatte ich gerade so eine Blauphase. Blau war meine absolute

Sr. Cosima Kiesner im Jahr ihrer ewigen Profess 1992

Sr. Cosima Kiesner

Lieblingsfarbe. Und ich würde die 25 Jahre jetzt beschreiben als die Entdeckung der Farbe Rot. Rot steht für Lebensenergie und inneres Feuer, für Lebendigkeit. Für die nächsten Jahre würde ich mir die Entdeckung der Farbe Grün wünschen. Das Grün soll stehen für die Natur, fürs Atemholen, für etwas Abrundendes."

Wenn es nach Sr. Cosima ginge, dann sollte ihr Leben in etwas gemächlichere Bahnen einschwenken: „Das wäre eine andere Form von Fruchtbarkeit, dass auch etwas reifen darf und ich aus dem vielen schöpfen kann."

Man darf gespannt sein, welche Farben künftig im Leben von Sr. Cosima noch eine Rolle spielen.

Äbtissin M. Laetitia Fech

Zisterzienserinnenabtei Waldsassen

Weihwasser und Pfefferminzkugeln

Äbtissin M. Laetitia Fech,
Zisterzienserinnenabtei Waldsassen

Endlich ist die Generalsanierung abgeschlossen. 15 Jahre haben die aufwändigen Renovierungsarbeiten an der Abtei Waldsassen und die Errichtung ergänzender Bauteile gedauert und am Ende knapp 40 Millionen Euro verschlungen. Dass sie sich einmal mit Statik, Dachkonstruktionen und Finanzierungskonzepten beschäftigen würde, hätte sich Äbtissin M. Laetitia Fech nie träumen lassen. Ihre Träume sahen ganz anders aus: „Ich wollte heiraten und Kinder haben, am liebsten sieben. Das war meine Devise."

Äbtissin M. Laetitia Fech auf dem Weg zu ihrem Büro

Äbtissin M. Laetitia Fech

Zunächst sah es auch so aus, als würden sich diese Wünsche erfüllen. Im Jahr 1957 wird Agathe, so ihr Taufname, als ältestes von drei Kindern in München geboren. Der Vater ist Altphilologe und hat den altgriechischen Namen für sie ausgesucht. Diese Wahl ist gut gemeint – Agathe bedeutet „die Gute" –, aber von der Tochter in Kinder- und Teenagerzeiten nicht sehr geschätzt. Damals waren eben andere Namen modern. Eineinhalb Jahre später kommt Bruder Ulrich auf die Welt, nach sieben Jahren die jüngere Schwester Elisabeth.

Als Agathe fünf Jahre alt ist, zieht die Familie nach Augsburg. Der Vater hat eine Stelle am humanistischen Holbein-Gymnasium bekommen und unterrichtet dort Latein, Griechisch, Hebräisch und Russisch. Seine Allgemeinbildung fordert der Tochter heute noch Respekt ab. Vater Ulrich Fech ist darüber hinaus sehr musikalisch, er spielt Orgel und leitet einen Chor. Auch die musikalische Ausbildung seiner Kinder liegt ihm sehr am Herzen. „Wir sind von Kindheit an in die Musik hineingewachsen", erzählt Äbtissin M. Laetitia, „mein Bruder und ich haben Geige gelernt und meine Schwester verschiedene Flöten gespielt. Weihnachten und auch an anderen Festen haben wir gemeinsam musiziert."

Die Mutter ist die Praktikerin in der Familie. Sie ist Schneidermeisterin und künstlerisch sehr begabt. Sie weckt das Interesse der Tochter an kunsthandwerklichen Dingen: „Ich denke, da habe ich ganz viel von meiner Mutter mitbekommen."

Auf die Bildung ihrer Kinder legen die Eltern Fech sehr viel Wert, auch darauf, ihnen ein Gefühl der Sicherheit zu vermitteln. Aber Streicheleinheiten, körperliche Nähe sind Mangelware: „Mit Zärtlichkeiten oder Umarmungen war man bei uns sehr sparsam. Das habe ich manchmal sehr vermisst, auch als ich erwachsen wurde." Einen Ausgleich dazu bieten die Aufenthalte auf dem Bauernhof der Großeltern mütterlicherseits. Dort wird ihr vieles erlaubt, was daheim verboten ist. In den ersten beiden Lebensjahren verbringt sie lange Phasen bei den Großeltern, weil die Mutter während der Schwangerschaft mit dem jüngeren Bruder viel liegen muss.

Die Großmutter hat sie als herzensgute Frau in Erinnerung, die sie auch religiös sehr geprägt hat. Die Eltern Fech erziehen ihre Kinder im katholischen Glauben, gehen sonntags mit ihnen in die Kirche und sprechen Tischgebete, sind aber nicht übermäßig religiös. Die Oma hingegen gibt dem Glauben etwas Bodenständiges. So ist die erste religiöse Erinnerung für Enkelin Agathe etwas für Leib und Seele: „Immer wenn mich die Oma abends zu Bett gebracht hat, machte sie mir mit Weihwasser das Kreuzzeichen auf die Stirn und schob mir eine Pfefferminzkugel in den Mund. Durch diese Süßigkeit hat sie mir die Freude am religiösen Leben mitgegeben. Das Zähneputzen war nicht so wichtig." Gern begleitet Agathe die Großmutter zu Andachten und entwickelt dabei eine Liebe zum Rosenkranzgebet. Sie ist, im Gegensatz zu ihren beiden Geschwistern, schon früh empfänglich für religiöse Dinge.

Dies belegt auch eine Geschichte, die ihr der Vater am Tag ihrer ewigen Profess, also der feierlichen Aufnahme in die Klostergemeinschaft, erzählt und die seine Tochter längst vergessen hatte. In Ehingen, in der Nähe der Großeltern, gab es das Kloster Holzen mit klausurierten Schwestern, in dem Agathe mit den Eltern hin und wieder die Messe besuchte. Vor dem Nonnenchor befand sich ein Gitter mit einem zugezogenen Vorhang. Dahinter sah man Bewegungen. Der Vater erklärte Agathe, dass dies die Klosterschwestern seien. Worauf sie fragte: „Was machen die denn da?" „Die sind ganz für den lieben Gott da", so der Vater. „Das will ich auch mal!", strahlte die kleine Tochter. Damals war Agathe sieben oder acht Jahre alt. Ob man da von Vorsehung sprechen kann?

Auch die Erstkommunion ist für Agathe Fech ein wichtiges Ereignis, das die Eltern ihr als etwas ganz Besonderes im Leben vermittelten: „Sie haben mich dazu erzogen, mit großem Verantwortungsgefühl zur Kommunion zu gehen. Für heutige Begriffe mit zu viel Strenge, fast furchteinflößend. Ohne Sünde sollte ich zur Kommunion gehen. Das war für mich lange Zeit sehr belastend, weil ich dem sehr gewissenhaft nachkommen wollte. Ich musste daher später mein eigenes Bild von Gott finden."

Es folgt die Gymnasialzeit, die religiösen Ambitionen treten mehr und mehr in den Hintergrund. Dem humanistischen Gymnasium, auf dem sie die ersten Jahre verbringt, kann die Schülerin Agathe wenig abgewinnen. Es entspricht wohl mehr der Wunschvorstellung des Vaters, seiner Tochter eine humanistische Bildung angedeihen zu lassen. Diese blüht jedoch erst auf, als sie in der 7. Klasse auf das musische Maria-Stern-Gymnasium in Augsburg überwechseln kann. Musik und Sport gehören zu ihren Lieblingsfächern, aber sie entdeckt auch ihre Liebe zum Latein. Der Mittleren Reife folgt der Übergang zum berufsfachwirtschaftlichen Zweig derselben Schule. Nach einem Jahr Praktikum und zwei Jahren Fachakademie für Hauswirtschaft macht Agathe Fachabitur und die Meisterprüfung in Hauswirtschaft.

Religion spielt in diesen Jahren keine Rolle bei dem Teenager Agathe. Der Gedanke ans Kloster taucht überhaupt nicht mehr auf. Als sie mit 18 Jahren ihren Freund kennen und lieben lernt, ist für sie die Zukunftsplanung ganz klar: Sie möchte heiraten und Kinder haben. Mit dem Freund erlebt sie herrliche Zeiten. Als die Beziehung dann zerbricht, ist das sehr schlimm für sie.

In der folgenden Zeit erkrankt sie mehrmals länger. Die Phasen, die sie im Bett verbringen muss, nutzt sie zum Nachdenken, auch darüber, was sie nun mit ihrem Leben eigentlich anfangen möchte. Dann kommt eine schicksalhafte Einladung.

Eine Freundin aus Gymnasialzeiten macht gerade ein Praktikum in der Weberei der Zisterzienserinnenabtei Lichtenthal in Baden-Baden, und da sie weiß, dass sich Agathe sehr für Kunsthandwerk-

liches interessiert, lädt sie sie für einige Tage ein. Agathe sagt zu:
„Mich haben die dortigen Kunstwerkstätten interessiert, das Kloster
überhaupt nicht."

Im September 1976 fährt sie nach Baden-Baden. Der Freundin
zuliebe geht sie mit ins Chorgebet der Zisterzienserinnen. Aus eigenem Antrieb wäre sie nicht gegangen. Und es passiert etwas für sie
völlig Unerwartetes: „Ich war nach diesem ersten Chorgebet doch
überwältigt. Ich wollte es zwar nicht wahrhaben, aber es hat mich
ganz, ganz tief berührt." Was als kleine Flamme in ihr zu flackern
beginnt, wird mehr und mehr zum lodernden Feuer.
An das Datum erinnert sich die heutige Äbtissin genau: Es war der
15. September 1976. „Ich war mit den Schwestern zusammen in der
Vesper und wusste plötzlich von einem Moment zum anderen: ‚Das
ist mein Weg.' Es war keine Erscheinung oder Vision, sondern tief
im Herzen die Gewissheit: ‚Du gehörst hierher, das ist dein Platz.'"
Diese Erfahrung trifft sie wie ein Blitz aus heiterem Himmel. Zurück in Augsburg ringt sie mit sich: „Warum ich, warum ich?" Der
ursprüngliche Wunsch nach Partner und Kindern tritt mehr und
mehr in den Hintergrund. Stattdessen übt die Abtei Lichtenthal
eine unübersehbare Anziehungskraft aus. Agathe fährt in den
Ferien immer wieder nach Baden-Baden. Den Eltern verschweigt
sie ihre innere Zerrissenheit, bespricht sich aber immer wieder mit
der Freundin, die sich inzwischen für einen Ordenseintritt entschieden hat. Diese rät ihr, es doch auch mit dem Kloster zu versuchen.

Bei einem weiteren Besuch in der Abtei Lichtenthal trifft auch
Agathe ihre Entscheidung: Sie möchte eintreten und lässt sich
einen Termin bei der Äbtissin geben. Ihren Entschluss teilt sie der
Klostervorsteherin dann unverzüglich mit: „Ich fühle mich hier
wohl und möchte am liebsten gleich eintreten." Die Äbtissin rät
Agathe aber erst einmal zur Besonnenheit und dazu, das noch an-

Äbtissin M. Laetitia Fech

stehende letzte Ausbildungsjahr zu beenden und mit der Meisterprüfung abzuschließen.
Die Eltern sind von der Entscheidung ihrer lebenslustigen Tochter
geschockt. Eigentlich hatten sie sich erhofft, dass sie Lehrerin
würde. „Du mit deinem Dickschädel kannst doch niemals gehorchen. Du hältst es im Kloster nicht aus", ist die Reaktion des
Vaters. Aber Agathes Entscheidung steht.

Am 2. August 1978 tritt sie im Alter von 21 Jahren in die Abtei
Lichtenthal ein. Die Anfangsphase ist eine große Umstellung. Auf
glückliche Tage folgen Tage, an denen die Zweifel überwiegen.
Aber Agathe hält durch. Am 25. März 1979, dem Tag von Mariä
Verkündigung, findet ihre Einkleidung statt. Zu diesem Ereignis
erhält sie auch ihren Klosternamen als Zeichen dafür, dass nun ein
neuer Lebensabschnitt für sie beginnt. Damals war es noch nicht
üblich, dass sich die Ordens-
leute ihren neuen Namen
selbst aussuchen konnten.
So bangt Agathe, welchen
Namen die Äbtissin ihr geben
würde. Als sie den neuen
Namen zum ersten Mal hört,
ist sie überglücklich: Das
lateinische „Laetitia" hat
nicht nur einen schönen
Klang, sondern bedeutet
auch Freude, Fröhlichkeit.
Mit Schwester Laetitia
werden zwei weitere junge
Schwestern in die Abtei aufgenommen. Es sind die ersten
Neueintritte nach 17 Jahren.

Äbtissin M. Laetitia Fech 2010

Was freudig beginnt, entwickelt sich mehr und mehr zu einer sehr schwierigen Situation. Sr. M. Laetitia hat zunehmend Probleme mit dem widerspruchslosen Ausführen von Anordnungen der Äbtissin: „Ich wollte gehorsam sein, sonst hätte ich mich ja nicht für dieses Leben entschieden. Aber für mich hatte Gehorsam damit zu tun, aufeinander zu hören und dann gemeinsam einen Weg zu finden." Die junge Schwester hat immer wieder das Gefühl, dass sie nicht sie selbst sein kann und ihr die Luft zum Atmen fehlt. Ihre inneren Nöte kann sie nirgends aussprechen, sie hat niemanden, dem sie sich anvertrauen kann. Sie frisst alles in sich hinein, versucht, trotz innerer Widerstände zu gehorchen. Aber das geht über ihre Kräfte: „Das ging damals an meine gesundheitliche Substanz. Ich konnte dem Ganzen keinen Sinn abgewinnen und wurde krank." Aus der freudigen, fröhlichen jungen Schwester ist eine kranke Frau geworden.

Eine glückliche Fügung verschafft ihr die Möglichkeit, ihr Kloster für längere Zeit zu verlassen. Sr. M. Laetitia hatte im Kloster eine Ausbildung zur Stickerin gemacht und ihre Meisterprüfung mit so viel Bravour geschafft, dass der Leiter der Handwerkskammer der Äbtissin von Lichtenthal ans Herz legt, die junge Schwester Kunst studieren zu lassen. Nach längeren Überlegungen genehmigt diese Sr. M. Laetitia eine dreijährige künstlerische Ausbildung an einer Münchner Kunstschule.

Sr. M. Laetitia kann aufatmen. Sie wohnt in dieser Zeit bei Ordensschwestern im Münchner Josephinum, genießt die kleinen Freiheiten dort und die künstlerischen Entfaltungsmöglichkeiten. In der Studienzeit erlebt sie einen Reifeschub. Während dieser Phase lernt sie auch ihren Beichtvater fürs Leben kennen, einen Benediktinermönch aus St. Ottilien, dem sie bis heute verbunden ist. Mit ihm kann sie über alles reden, und er begleitet sie sehr klug.

Äbtissin M. Laetitia Fech

Zurück in Lichtenthal, erwartet sie eine neue Äbtissin. Ihre Vorgängerin war einen Monat, bevor Sr. M. Laetitia das Kunststudium begonnen hatte, gestorben. Das Schicksal hatte es damals mit der jungen Schwester gut gemeint, dass sie noch die Erlaubnis erhalten hatte, nach München zu gehen. Sr. M. Laetitia hat in den Münchner Jahren an Selbstbewusstsein gewonnen. Zurück in ihrer Abtei entsteht eine Spannung zwischen der neuen Äbtissin und Sr. M. Laeitita, die nicht mehr alles befolgt. Freie Meinungsäußerung jedoch ist aus Sicht der neuen Äbtissin nicht wünschenswert.

In diese Zeit fällt eine für Sr. M. Laetitia glückliche und – wie sich später zeigen wird – weitreichende Fügung. Innerhalb des Zisterzienserordens werden junge Frauen gesucht, die bereit sind, in die Abtei Waldsassen zu gehen. Dort, in der Oberpfalz, ganz nah an der Grenze nach Tschechien, sucht man dringend jüngere Schwestern, denn der Konvent, also die Klostergemeinschaft, ist stark überaltert. Wenn sich keine jungen Frauen finden, muss die Abtei geschlossen und verkauft werden. Dies ist die Chance für Sr. M. Laeitita, die konfliktreiche Situation in Baden-Baden hinter sich zu lassen. Denn damit verlässt sie diese Abtei, aber nicht den Orden.
Zisterzienser geloben, ein Leben lang am selben Ort zu bleiben. Eigentlich ist ein Wechsel in ein anderes Kloster also nicht vorgesehen. Aber hier kommt für Sr. M. Laetitia Glück im Unglück ins Spiel. Oder war es doch wieder Vorsehung?

Im März 1994 kommt Sr. M. Laetitia zu einem Probejahr nach Waldsassen. Sie trifft hier nicht nur auf zwölf alte Schwestern, sondern auf eine wirtschaftlich, baulich und personell insgesamt sehr schwierige Situation. Die alte Äbtissin war 1992 gestorben, und für zwei Jahre ist eine sogenannte Administratorin aus einem anderen Kloster eingesetzt, die den Konvent kommissarisch leitet. Nach Ablauf ihrer Probezeit entschließt sich Sr. M. Laetitia, ihre

„stabilitas loci" – also ihre lebenslange Bindung an einen Ort – von Lichtenthal auf Waldsassen zu übertragen.

26. August 1995. In Waldsassen findet die Wahl einer neuen Äbtissin statt. Vorher hat ein Visitator, also eine Art Supervisor aus einem anderen Kloster, mit allen Schwestern gesprochen und sich ein Bild vom Zustand des Konvents gemacht. Natürlich spricht er auch mit Sr. M. Laetitia. Ganz nebenbei fragt er sie, was sie denn täte, wenn sie zur Äbtissin gewählt würde. „Ich weiß, dass ich nach Waldsassen gehöre. Ich möchte hier helfen, und den Rest wird der Herrgott schon richten. So gut, wie er es bisher auch getan hat. Außerdem werde ich ohnehin nicht gewählt", ist ihre Antwort.
Der Herrgott richtet es dann tatsächlich: Mit überwältigender Mehrheit wird Sr. Laetitia im ersten Wahlgang zur Äbtissin von Waldsassen gewählt. Sie ist zu diesem Zeitpunkt erst 38 Jahre alt und damit weltweit die jüngste Äbtissin ihres Ordens. Die Wahl trifft sie völlig unvorbereitet: „Es war, wie wenn mir der Boden unter den Füßen weggerissen würde. Einerseits hat mich das Vertrauen der Mitschwestern gefreut, aber ich wusste ja auch, was mich hier erwartet. Zum Glück wusste ich damals nicht alles. Aber ich hatte einfach Sorge. Wie sollte ich hier alle anstehenden Probleme meistern?"

Sr. M. Laetitia bittet sich Bedenkzeit aus. Zwei Stunden werden ihr zugestanden, in denen sie sehr lange mit ihrem Beichtvater telefoniert. Er rät ihr, auf das zu hören, was sie in ihrem Herzen denkt. „Ich fühlte zwei Dinge: einmal, dass ich es aus mir selbst nicht bewältigen könnte, und zum andern, dass Gott möchte, dass ich das Amt annehme. Ich wollte es wenigstens versuchen, denn sonst hätte die Schließung des Klosters angestanden."
Sr. M. Laetitia nimmt die Wahl an. Sie fand übrigens am Geburtstag ihrer Großmutter statt, die sie mit Weihwasser und Pfefferminzkugeln ins fromme Leben eingeführt hatte. Diese war in der

Äbtissin M. Laetitia Fech

Woche, in der ihre Enkelin ins Kloster eintrat, gestorben. Hatte sie möglicherweise beide Male ihre Hände im Spiel?

Wie alle Äbtissinnen und Äbte wählt Sr. M. Laetitia ein Wappen – das Symbol des Brunnens –, das in das jahrhundertealte Wappen der Abtei integriert wird. Als ihren Wahlspruch sucht sie sich aus: „Die dem Herrn vertrauen, schöpfen neue Kraft." (Jesaja 40,31) Dieses Motto sollte sich für ihren weiteren Lebensweg bewähren.

Dann geht es Schlag auf Schlag. Da der bisherige Vorsitzende des Freundeskreises zurückgetreten war, gehört es zu ihren ersten Aufgaben, einen neuen zu suchen. Der Freundeskreis ist für ein Kloster sehr wichtig, weil er Sponsoren und Gelder akquiriert und wirtschaftliche sowie spirituelle Unterstützung bietet. Hinzu kommt, dass der Ostflügel der barocken Klosteranlage einsturzgefährdet ist. Es muss also schnell gehandelt werden. Nur – wo anfangen? „Ich

Äbtissin M. Laetitia Fech mit Papst Benedikt XVI. im Jahr 2005 in Rom

nahm mir vor, im Vertrauen auf Gott einfach alles anzugehen, und begann erst einmal, den lateinischen Zisterzienserchoral im Kloster wiederzubeleben und ein gesungenes, würdig gepflegtes Chorgebet, einen stilvollen Vollzug der Liturgie einzuführen als sichtbare Mitte unseres Lebens als Zisterzienserinnen im 20. Jahrhundert. Dazu luden wir auch externe Gäste ein", erzählt Äbtissin M. Laetitia.

Durch Kontakte zur politischen Führungsriege in Bayern wird ihr rasch eine neue Person für den Vorsitz des Freundeskreises vermittelt: Monika Hohlmeier, damals noch Staatssekretärin im Bayerischen Kultusministerium, übernimmt dieses Amt und hat es bis heute inne.

Rasch stellt sich heraus, dass nicht nur der Ostflügel, sondern die gesamte Abtei sanierungsbedürftig ist – übrigens nicht nur die Gebäude, sondern auch, im übertragenen Sinne, die Lebensgemeinschaft der darin wohnenden Schwestern.

1996/97 entwickelt Äbtissin Laetitia zusammen mit einem sachkundigen Team Sanierungskonzept und Finanzierungsplan für die Abtei Waldsassen. Am „runden Tisch" sitzen unter anderem zehn verschiedene Zuschussgeber, die alle koordiniert werden müssen. Die junge Äbtissin hat darüber hinaus zwei wichtige Unterstützer: Der damalige Bayerische Ministerpräsident Stoiber sowie der Kultusminister sprechen sich eindeutig für die Sanierung der Abtei aus. Äbtissin M. Laetitia muss jedoch darauf achten, dass sie wegen der baulichen Herausforderungen ihre Mitschwestern nicht aus den Augen verliert. Im Konvent sind viele Wunden der Vergangenheit und Gegenwart zu heilen. Sie lässt sich nebenbei über einen Zeitraum von vier Jahren für ihre Führungsaufgabe weiter schulen und besucht einen Kurs „Verantwortliche mit geistlichen Leitungsaufgaben". Die Hilfestellungen, die sie dort erhält, sind sehr wichtig: „In der ersten Zeit habe ich vor allem ein Kontaktnetzwerk aufgebaut mit Menschen, die mir sowohl im Geistlichen als auch

Äbtissin M. Laetitia Fech

im Baulichen weitergeholfen haben." Rückblickend stellt sie fest, dass sie immer wieder im richtigen Augenblick die richtigen Menschen an die Seite bekam. Aber sie ist an allen Fronten gefordert, und ein 18-Stunden-Tag ist bei ihr normal.

„Im Konvent haben wir uns in Form von Supervision Hilfe geholt und gemeinsame Ziele erarbeitet, die wir alle tragen konnten", schildert die Äbtissin die damalige Situation.

Der Supervisor ist kein Ordensmitglied. Über einen Zeitraum von vier Jahren begleitet er die Schwestern. „Ihm verdanke ich das Überleben des Konvents", sagt Äbtissin M. Laetitia heute. „Es gab schon immer wieder Zeiten, in denen ich nahe daran war, alles hinzuwerfen. Wenn ich zurückschaue, weiß ich auch nicht, woher ich die Kraft genommen habe. Das war eine ganz schwierige Zeit. Aber mein Glaube hat mir geholfen. Und jetzt im Rückblick bin ich froh, durchgehalten zu haben."

Die schwersten Stunden bereiten ihr Rufmord und Verleumdungen, die durch unterschiedlichste Situationen entstehen. Das schürt Misstrauen, es entstehen Missverständnisse. Schwer ist es auch, im Konvent für Alt und Jung einen Weg miteinander zu finden. Bis 2003/2004 dauert es etwa, also acht bis neun Jahre, bis sich alle mit dem Projekt identifizieren. Äbtissin M. Laetitia muss viel verändern, damit die Abtei weiterkommt, und das ist für manche Schwester nicht einfach nachzuvollziehen. Aber vor allem die ganz alten Schwestern tragen erstaunlicherweise vieles von Anfang an mit.

Lange diskutieren die Ordensfrauen beispielsweise darüber, ob es dem klösterlichen Lebensprinzip entspricht, in die Klosterzellen Dusche und WC einzubauen. Umso mehr freut sich Äbtissin M. Laetitia später einmal über den Dank ihrer mit 97 Jahren gestorbenen Mitschwester M. Magdalena, die kurz vor ihrem Tod sagte, die beste Aktion der Äbtissin sei der Einbau von Duschen und WCs in den Zellen gewesen.

Die Sanierungs- und Bauphase ist eine enorme Herausforderung für die darin völlig unerfahrene Äbtissin. Das Baugewerbe ist eine Männerdomäne, und manch einer war wohl der Versuchung nahe, die junge Klostervorsteherin ein wenig über den Tisch zu ziehen. Aber sie setzt ihren Charme ein und weist immer wieder darauf hin, dass es sich lohnt, alles für die wertvolle Abtei zu tun: „Das hat mir immer jeder abgenommen. Wenn ich Hilfe erbat, gab es immer Menschen, die mir geholfen haben. Ich habe in dieser schweren Zeit auch ganz wertvolle Erfahrungen machen dürfen."

Wenn M. Laetitia vorher gewusst hätte, dass sich die Baumaßnahmen zu einer Generalsanierung von 15 Jahren entwickeln

Äbtissin M. Laetita Fech im Garten der Abtei Waldsassen

Äbtissin M. Laetitia Fech

würden, wäre sie möglicherweise vor dieser Aufgabe zurück-
geschreckt. Als alle Arbeiten abgeschlossen sind und in einem Fest-
akt am 19. März 2011 die Vollendung der Baumaßnahmen gefeiert
wird, hat das ganze Projekt 39,8 Millionen Euro verschlungen.
Unter anderem wurden der Schultrakt, in dem eine Mädchen-
realschule mit 470 Schülerinnen und Ganztagsbetreuung untergebracht ist, renoviert und eine neue Schulsporthalle gebaut. Die
klösterlichen Wohnbereiche, Kreuzgang und Klosterkirche wurden
saniert und zum Teil neu ausgestaltet. Es wurde die Stiftung Kultur-
und Begegnungszentrum gegründet und ein Kräutergarten angelegt.
Für das Gästehaus wurde der älteste Teil der Klosteranlage, die mit-
telalterlichen Mauern, saniert. Im neuen, geschmackvoll gestalteten
Gästehaus mit Restaurant befindet sich jetzt auch ein Klosterladen.
Die ganze Bauphase fordert nicht nur der Klostervorsteherin,
sondern auch ihren Mitschwestern viel ab. Aber, so Laetitia:
„Heute wissen wir, es war nicht umsonst, was wir ausgehalten
haben."

Managerin im Kloster, diesen Begriff mag Äbtissin Laetitia eigentlich nicht, aber er umschreibt ziemlich genau ihr Aufgabenfeld.
Als sie ins Kloster eintrat, dachte sie, sie müsse alles Weltliche loslassen und irgendwo im Verborgenen wirken. Wie sehr hat sich alles
anders entwickelt, als sie es sich damals vorstellte: „Ich glaube
schon, dass ich einerseits viel in meinem Leben losgelassen, aber
andererseits vieles doppelt und dreifach zurückgeschenkt bekommen habe. Wenn ich in der Welt geblieben wäre, hätte ich mich
nie so total selbst verwirklichen können. Von vielen Dingen wusste
ich gar nicht, dass ich sie einmal bewältigen könnte. Zum Beispiel,
dass ich in der Öffentlichkeit Reden und Vorträge halten kann, dass
ich einmal Geschäftsführerin einer GmbH & Co. KG sein und es
im Betriebswirtschaftlichen und Baulichen so weit bringen würde.
Aber ich kann es nur an jeden weitergeben: Im Vertrauen auf Gott

kann man Berge versetzen. Und Gottes Wirken ist immer größer als unser kleines Denken."

Ihr Rückblick auf rund 30 Jahre Ordensleben zeigt zwar auch sehr bewegte Zeiten, und im Umgang mit Menschen würde Äbtissin M. Laetitia mit ihrer heutigen Erfahrung manches anders machen, aber: „Die große Spur würde ich wieder so verfolgen."

Was kommt nun, welche Pläne hat Äbtissin M. Laetitia? Zunächst möchte sie für zwei bis drei Jahre alles wachsen und gedeihen lassen, was sie aufgebaut hat, aber dann noch einige Ideen, die sie im Hinterkopf hat, verwirklichen. Welche das sind, verrät sie nicht, aber es scheinen noch recht viele zu sein.

Die Abtei Waldsassen war zu Beginn des 20. Jahrhunderts mit 120 Schwestern der größte deutschsprachige Zisterzienserinnenkonvent. Danach folgte lange Zeit nur Sterben. Sei einigen Jahren gibt es wieder mehrere junge Schwestern im Kloster. Die Äbtissin hat also die berechtigte Hoffnung, dass das Leben in der Abtei weitergehen wird: „Meine Vision, die ich als junge Äbtissin hatte, dieses Haus zu sanieren und neu zu beleben, ist so erfüllt worden, wie ich es mir nie hätte träumen lassen."

Was die Äbtissin unter der Vielzahl ihrer Aufgaben als die wichtigste ansieht? Sie möchte für ihre Mitschwestern geistliche Mutter und für sie da sein, wenn sie sie brauchen. Denn die Mitschwestern sind für sie das Wertvollste in ihrem Leben.

Dass ihr Wunsch nach Familie und sieben Kindern nicht in Erfüllung ging, hat Mutter Laetitia, wie sie von ihren Mitschwestern genannt wird, übrigens nicht bedauert: „Ich habe hier ja sechs junge Mitschwestern, das sind meine geistlichen Kinder."

Der erste Besuch in der Abtei Lichtenthal im Jahr 1976 hatte also für M. Laetitia einschneidende und weitreichende Folgen, die ihr Leben völlig umkrempelten. Ihre Freundin, die sie damals eingeladen hatte, hat übrigens inzwischen den Orden verlassen. Sie hat eine Familie gegründet.

Äbtissin M. Laetitia Fech

Sr. M. Sophia Schlembach

Zisterzienserinnenabtei Waldsassen

Singledasein ist keine Lebensform

Sr. M. Sophia Schlembach,
Zisterzienserinnenabtei Waldsassen

Sie ist meine jüngste Gesprächspartnerin. Die 37-jährige
Sr. M. Sophia Schlembach sitzt in der Klosterstube und bespricht
mit einigen Handwerkern Probleme, die im Rahmen von Umbaumaßnahmen noch zu regeln sind. Mit ihrem Habit ist die gelernte
Bauzeichnerin in dieser männerdominierten Branche schon ein
Exot. Aber ihre Kenntnisse sind im Rahmen der letzten Sanie-
rungsphase der Abtei Waldsassen sehr wertvoll.

Wäre sie schon früher in diesen Frauenkonvent eingetreten und
nicht erst im Herbst 2007, hätte sie wohl noch so manches mehr
im Rahmen der Langzeitbaustelle im Kloster richten können. Aber
nun kann die Novizin ihre Energien und Kenntnisse anderweitig
einsetzen, bei der Auswahl und Bestellung des Sortiments im
Klosterladen beispielsweise oder der Organisation des Gästehauses
St. Joseph. Da kann sie genügend Ideen einbringen, zum Beispiel
diejenige, im Kloster Hochzeitsmessen zu veranstalten und dabei
die Abtei auch gleich als wunderbaren Ort für Trauungen und die
anschließenden Feierlichkeiten zu promoten.
Diese Idee hat bereits Früchte getragen. Die begehrten Hochzeits-
termine von Frühjahr bis Spätsommer sind schon ausgebucht.
So weit, dass die Hochzeitsglocken läuteten, kam es bei Sr. Sophia,
die 1974 als Erika Schlembach in Lohr am Main geboren wurde,

Sr. M. Sophia Schlembach

nie. Aber sie war durchaus schon einmal relativ nahe dran. Die Novizin ist ein Beispiel dafür, dass viele Ordensleute heute erst ins Kloster eintreten, wenn sie im Leben schon menschliche und berufliche Erfahrungen sammeln konnten.

„Der Wunsch, ins Kloster zu gehen, war eigentlich seit meiner Kindheit da. Aber alle in meiner Familie sahen meine ältere Schwester Marlene als zukünftige Ordensfrau, deshalb habe ich nie darüber gesprochen. Ein Leben nur für Gott zu führen hat mich schon damals fasziniert." Allerdings findet die kleine Erika keinen Gefallen an den Ordensgewändern. So will sie nicht herumlaufen: „Was ich aber schön fand, war, dass man durch die Kleidung sehen konnte, wem man sein Leben geweiht hat. Aber selber tragen wollte ich es nicht. Ich wollte immer nur Hosen anziehen."

Vater Schlembach hat für sein Nesthäkchen Erika ganz andere Pläne. Er hat genaue Vorstellungen davon, was seine Tochter beruflich einmal machen soll: „Ich sollte Verwaltungsangestellte in der Stadt werden, das war was Sicheres. Er hatte da sehr gut Kontakte und wollte mir etwas vermitteln." Doch Erika hat anderes vor.

Ihre Eltern waren vor Jahren aus der Rhön, wo sie im ehemaligen Grenzgebiet zur DDR ein Haus besaßen, in den Spessart gezogen. Dort gab es für die fünf Kinder der Familie, vier Mädchen und einen Jungen, bessere Schulangebote. Vater und Mutter Schlembach sind ein typisches Hausmeisterehepaar. Im neuen Wohnort Lohr am Main bewohnen sie mit ihren Kindern eine Wohnung in der staatlichen Forstschule, geben aber ihr Zuhause in der Rhön nicht auf. Wenn die Kinder einmal flügge sind, wollen sie dorthin zurückziehen. Bis sich dies 1991 nach der Pensionierung des Vaters verwirklichen lässt, wird das Zuhause in der Rhön als Wochenend- und Ferienhaus genutzt.

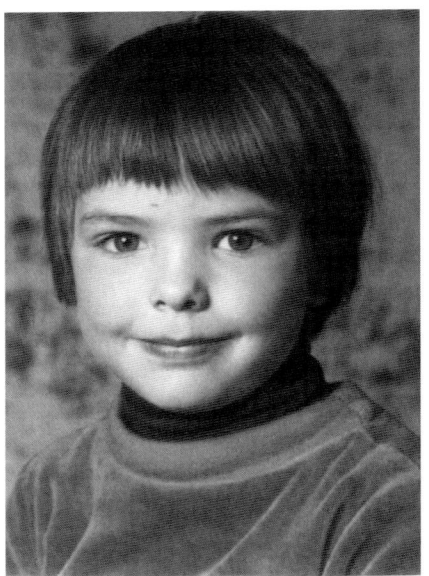

Erika Schlembach, die spätere Sr. M. Sophia, im Kindergartenalter

Immer wieder wird dort etwas renoviert und 1988 mit einer größeren Umbaumaßnahme begonnen: „Wir haben beim Umbau alles selbst gemacht, von Mauern über Elektroinstallationen bis zum Heizungsbau. Das fand dann immer an den Wochenenden und in den Ferien statt." Auch Erika, die Jüngste, beteiligt sich daran. Das weckt bei ihr ein nachhaltiges Interesse an der Baubranche. Sie erkundigt sich, welche beruflichen Möglichkeiten man als Frau in diesem Umfeld hat.

Entgegen den Plänen des Vaters hat sie die Idee, Bauzeichnerin zu werden. Dies ist ein Berufsbild, das ihren Interessen und kreativen Begabungen sehr entspricht. Ohne die Eltern zu informieren, bewirbt sie sich vor dem Realschulabschluss bei einem Architekten in ihrer Heimatstadt. Rasch erhält sie eine Zusage. Da sie noch nicht volljährig ist, muss sie nun die Eltern einweihen: „Meine Eltern mussten den Lehrvertrag ja unterschreiben. Sie nahmen das mit einem lachenden und einem weinenden Auge zur Kenntnis, weil meine zweitälteste Schwester ja schon technische Zeichnerin geworden war und zufrieden in ihrem Beruf." Diese Schwester ist damals für Erika ein großes Vorbild, denn sie ist sehr freiheitsliebend und hat bald ein eigenes Auto.

Sr. M. Sophia Schlembach

Erika plant, nach der Ausbildung zur Bauzeichnerin Abitur zu machen und dann eventuell zu studieren.

Die Ausbildung macht der jungen Frau viel Spaß. Der Architekt, bei dem sie lernt, ist schon älter, und es ist klar, dass Erika seine letzte Auszubildende sein wird. Ihm ist es sehr wichtig, dass sie das Zeichnen von der Pike auf lernt. Das erste Halbjahr zeichnet sie Pläne an der Zeichenplatte, bevor sie dann an den Computer darf: „Der Architekt war sehr kritisch, verlangte viel von mir, nahm sich aber auch viel Zeit für mich. Das Schöne für mich war, dass er fast nur Kirchen restaurierte, historische Gebäude und alte Fachwerkhäuser." Da es sich um einen kleinen Familienbetrieb handelt, darf sie bald überallhin mitgehen und hat so Einblick in alle Bereiche einer Baustelle. Auch mit Statik beschäftigt sich Erika, was eigentlich nicht zur Ausbildung gehört. „Dadurch bekam ich noch mal einen ganz anderen Einblick in die Architektur."

Weil sie so engagiert ist, kann sie ihre Ausbildung abkürzen. Von vornherein ist klar, dass ihr Ausbilder sie nicht übernehmen wird. Sie plant, nach der Lehrprüfung ein Jahr zu arbeiten und Geld zu verdienen. Danach will sie das Abitur nachholen und studieren.

Erika bewirbt sich bei einer Baufirma und bekommt den Job. Ihre neue Firma betreut Neu- und Umbaumaßnahmen in amerikanischen Kasernen. Aufträge gibt es genug. Erika soll als Springerin eingesetzt werden, was ihr sehr recht ist, weil sie ja ohnehin nur ein Jahr bleiben will. Eigentlich hat sie vor, sich gleichzeitig an der Abendschule für eine Technikerausbildung anzumelden. Der Abschluss wäre dem Abitur gleichgestellt gewesen, und sie hätte danach studieren können.

Es kommt jedoch anders, als sie denkt. Erika begeistert sich für ein neues und aufregendes Hobby – das Gleitschirmfliegen – und verschiebt so die Pläne mit der Abendschule.

Das Gleitschirmfliegen ist in diesen Jahren ihre große Passion. An den Wochenenden fährt sie immer zum Fliegen nach Österreich und findet dort einen neuen Freundeskreis.

Die Eltern sind ganz gegen dieses Hobby. Aus Trotz kauft sich Erika einen eigenen Gleitschirm. „Sie waren mit diesem Lebenswandel überhaupt nicht zufrieden. Ich hatte mir auch ein eigenes Auto gekauft, und das alles war ja nicht billig." Sie finanziert dies, indem sie in einem Nebenjob nächtelang Pläne zeichnet: „Ich machte dies aus Freude am Sport und auch am Beruf. Ich hatte nicht den Ehrgeiz, Strecken zu fliegen, sondern war eine Schönwetterfliegerin. Damals war ich 19. Ich hatte meinen Flugschein vor dem Führerschein."

Jedes freie Wochenende verbringt Erika in Österreich und in der Schweiz an Orten, die fürs Gleitschirmfliegen geeignet sind. Innerhalb der Clique gibt es einen Mann, der ihr besonders nahe steht. Aber es kommt nie so weit, dass Erika Heiratspläne schmiedet.

Diese Lebensphase dauert vier Jahre, dann beendet Erika dieses Hobby quasi von heute auf morgen. Grund dafür war ein Unfall, aber auch eine noch nicht genau definierbare innere Sehnsucht der jungen Frau, ihrem Leben eine andere Richtung zu geben. Den Kontakt zu ihrer Gleitschirmclique bricht sie ab.

Erst eine Weile später probiert sie es nochmals mit dem Fliegen, fühlt sich aber unsicher und steigt danach nicht wieder in die Lüfte: „Während dieses letzten Flugs kam mir das ‚Magnificat' von Johann Sebastian Bach in den Kopf. Da war ich sehr erschrocken. Und plötzlich dachte ich, wenn meine ältere Schwester Marlene, die auf Wunsch der Familie ja eigentlich Ordensfrau werden sollte und damals noch Single war, jemals heiraten sollte, würde ich ins Kloster gehen. Nach der Landung fuhr ich dann nach Hause, und was passierte? Marlene erzählte mir, dass sie einen Freund hat und

Sr. M. Sophia Schlembach

überlegt zu heiraten." Das Magnificat kam ihr also nicht von ungefähr in den Sinn. Das war im Juli 1998.

Der Schreck in Bezug auf ihr Versprechen in den Lüften sitzt tief: „Dann dachte ich, ich muss mich jetzt irgendwie ablenken, denn das kann ja nicht sein, dass ich jetzt ins Kloster gehe." Die Ablenkung besteht aus Arbeiten und Lernen.
Im Fernstudium zieht die junge Frau die schon lange geplante Technikerausbildung nun durch. Eigentlich benötigt man dazu vier Jahre, Erika schafft es in zweieinhalb Jahren. Gleichzeitig arbeitet sie sich auch in der Firma hoch, ihr werden inzwischen auch Bauleitungen übertragen für Baustellen in amerikanischen Kasernen an verschiedenen deutschen Standorten. So ist sie viel unterwegs. Es werden hohe Anforderungen an sie gestellt, aber: „Es hat mir sehr viel Spaß gemacht."
Erika Schlembach muss sich ihre berufliche Position und die Anerkennung in dieser Männerdomäne hart erkämpfen. Aber sie hat das Glück, dass ihr oberster Chef sie protegiert. Bei den Arbeitern am Bau muss sie dann erst einmal klarstellen, wer das Sagen hat: „In Hochzeiten hatte ich 60 bis 70 Männer unter mir an verschiedenen Baustellen, die zum Teil bis zu 400 Kilometer voneinander entfernt lagen." Sie erwirtschaftet für die Firma beachtliche Gewinne.

Ihre religiösen Bedürfnisse befriedigt sie in dieser Zeit durch zunehmende Aktivitäten im Chor, mit dem sie sonntagabends auch in der Komplet singt: „Das reichte dann erst einmal, um meine religiöse Sehnsucht zu befriedigen. Allerdings war sie am Sonntagabend nach der Komplet oft ganz schlimm: die Sehnsucht nach der Stille, nach der Zurückgezogenheit." Am Montagmorgen macht ihr der Trubel am Arbeitsplatz dann sehr zu schaffen.
In dieser Zeit sucht sich Erika ein neues Hobby. Drei- bis viermal pro Woche geht sie ins Fitnessstudio. Dort lernt sie einen neuen

Mann kennen: „Es dauerte lange, bis wir zusammen waren, aber als es dann passierte, machte ich innerhalb von vier Wochen wieder Schluss. Das war aus der inneren Überzeugung heraus, dass es doch nicht das war, was ich wollte. Und ich wusste, dass ich diesem Mann nicht das würde geben können, was er von mir erwartete." Erika verschweigt ihm jedoch die wahren Gründe für ihre Entscheidung und zieht sich auch aus dem Fitness-Freundeskreis zurück.

Erikas sportliche Ambitionen bleiben. Sie begeistert sich fürs Inlineskaten. 2003 erleidet sie durch den Sturz bei einem schweren Unfall mehrere Brüche an der Hand. Danach ist sie ein Vierteljahr außer Gefecht gesetzt, auch beruflich, denn sie darf mit ihrer verletzten Hand nicht Auto fahren: „Das Schlimmste war, dass ich damals sehr viel Zeit zum Nachdenken hatte. So entstand auch der Gedanke, Yoga zu machen."
Noch im selben Jahr 2003 beginnt sie mit Kundalini-Yoga und steigt auch dort wieder intensiv ein. Sie besucht einen Kurs an der Nordsee: „Das war zu dieser Zeit das, was ich suchte. Diese Ruhe, dieser Rhythmus." Am Meer macht sie viele Spaziergänge. Immer wieder kommt ihr dabei der Gedanke, dass sie etwas in ihrem Leben ändern muss.
Bereits zu diesem Zeitpunkt beginnt sie, im Internet zu recherchieren. Sie schaut sich die Websites vieler Klöster an. Eine davon schreibt sie sich auf: diejenige der Abtei Waldsassen. Den Zettel steckt sie in ihr Portemonnaie und vergisst ihn erst einmal wieder.
Da Erika Schlembach zu dieser Zeit gut verdient, fährt sie 2004 mehrmals nach Sylt, um dort weitere Yogakurse zu machen. So ist sie wieder abgelenkt. Ihren 30. Geburtstag feiert sie mit einer Freundin in Frankfurt: „Den feierte ich als erfolgreiche Frau, die in gehobeneren Kreisen angekommen war. Das war das, was ich damals wollte. Ich war zu dieser Zeit überzeugter Single, und alles war gut."

Sr. M. Sophia Schlembach

Zum Jahreswechsel 2005/06 macht die erfolgreiche Singlefrau einen zweiwöchigen Yogakurs auf La Gomera: „Es war eigentlich alles wunderschön, aber ich saß bei den Entspannungsübungen und in der Meditation auf meiner Yogamatte und dachte mir: ‚Was machst du hier überhaupt?' Es kam mir alles irgendwie absurd vor. Mir war klar, ich muss was ändern. Von außen betrachtet, war mein Leben damals perfekt. Es hätte eigentlich nur ein Mann gefehlt." Ihre Eltern setzen sie nicht unter Druck, dass sie sich binden soll, weil sie ja finanziell abgesichert ist. Sie sind stolz auf die beruflichen Erfolge ihrer Tochter.

„Ich hatte zwei Seelen in meiner Brust. Die eine sagte, dass mein Leben so in Ordnung war. Die andere mahnte, dass ich mich mit 31 Jahren doch endlich mal entscheiden müsse, wohin mein Leben gehen solle."

Nach der Rückkehr von La Gomera schaut sie zu Hause im Internet wieder nach Klöstern. Und entdeckt einen Kurs im Kloster der Vinzentinerinnen in Diessen am Ammersee zum Thema „Das Meer in mir". Geleitet wird er von einer Ordensschwester und einem Priester. Der Kurs ist auf ein halbes Jahr ausgelegt und findet in regelmäßigen Abständen an Wochenenden statt.

Erika will ihre neue Lebensrichtung möglichst weit weg von zu Hause ausloten, damit niemand mitbekommt, womit sie sich beschäftigt. Ihre Idee ist es damals auch, eventuell in einen Sozialberuf zu wechseln. Immer wieder kommt ihr auch ihr Versprechen in den Sinn, ins Kloster zu gehen, wenn ihre Schwester Marlene heiraten sollte.

Erika bucht zunächst den Kurs, hat dann aber Angst vor diesem Schritt und sagt ihn wieder ab. Von der zuständigen Kursleiterin Sr. Emmanuela wird sie dann sehr energisch aufgefordert zu kommen, weil sie sich in ihrem Alter endlich entscheiden müsse.

Erika Schlembach während eines Yogakurses 2003 auf Sylt

Die eindeutige Ermahnung der Ordensfrau reizt sie, und so tritt
Erika zum Kursbeginn im Oktober 2006 an. Nach dem ersten
Kursblock hat sie ein Gespräch mit Sr. Emmanuela, in dem sie ihr
erzählt, dass sie sich beruflich neu orientieren möchte. Von dem
immer wieder auftauchenden Gedanken, ins Kloster zu gehen, sagt
sie aber nichts. „Ich dachte mir nur, mit einem solchen Ordenskleid, wie mit dem Sr. Emmanuela rumläuft, möchte ich nicht
rumlaufen."
Erika möchte nach dem ersten Kurswochenende nicht wiederkom-
men. Aber die Diessener Sr. Emmanuela lässt nicht locker. Unter-
schwellig weiß Erika da schon: „Wenn du diesen Kurs machst, ist
es wohl klar, dass du ins Kloster gehst."

Sie kommt auch zum nächsten Kursblock, in dem einige Einheiten
von einem Pfarrer geleitet werden. Er macht darin eine Bemer-

Sr. M. Sophia Schlembach

kung, die Erika nachhaltig beschäftigt: „Singledasein ist keine Lebensform." Damit bringt er die junge Frau zum Nachdenken. Sie fühlt sich wie ein Tiger im Käfig und schüttet sich in den folgenden Wochen mit Arbeit zu. Über das Thema Kloster will sie nach wie vor mit niemandem reden. „Ich wollte diesen Gedanken ans Kloster endlich loshaben." Vor Weihnachten 2006 sagt Sr. Emmanuela bei einem weiteren Kursblock zu ihr: „Probieren Sie ‚Kloster auf Zeit'."

Weihnachten 2006 verbringt Erika bei ihren Eltern. In der Christmette wird ihr ganz deutlich, dass sie sich entscheiden muss. „Dann wurde ich langsam ruhig. Ich wusste, das ist das letzte Weihnachten zu Hause. Das Gefühl war Wahnsinn." An Heiligabend kommen alle Geschwister zu einem gemeinsamen Mittagessen nach Hause. „Das war für mich im Nachhinein wichtig, um endlich loslassen zu können."
Nach Weihnachten fährt Erika zu einer Freundin nach Schottland. Diese wird zwei Jahre dort verbringen, und Erika fährt ihr das Auto von Deutschland aus auf die Insel, damit die Freundin vor Ort beweglich ist. Auf der Autofahrt hat sie viel Zeit zum Nachdenken. Noch von Schottland aus ruft sie Sr. Emmanuela in Diessen an und bittet um ein Gespräch. Dieses findet schon in den ersten Januartagen 2007 statt. Erika teilt Sr. Emannuela mit, dass sie ‚Kloster auf Zeit' machen möchte. Diese empfiehlt ihr, die Zeit in einem kontemplativen Orden zu verbringen, und begründet das so: „Wenn es jemand bei Ihnen richten kann, dann eigentlich nur Mutter Laetitia von Waldsassen."
„Ich dachte mir damals: ‚Zufälle gibt's ja nicht', denn ich hatte ja seit längerer Zeit die Adresse von Waldsassen in meinem Geldbeutel", erzählt die heutige Sr. Sophia.
Noch von Diessen aus schreibt sie eine Mail an Äbtissin M. Laetitia Fech in Waldsassen. M. Laetitia meldet sich umgehend telefonisch.

Die beiden Frauen vereinbaren, dass Erika über Fasching 2007 für zwei Wochen nach Waldsassen kommen soll.

Als dann der Zeitpunkt gekommen ist und Erika vor der Klosterpforte steht, will sie nicht hineingehen: „Ich saß eine Stunde auf dem Platz vor der Basilika und fragte mich, was ich hier eigentlich suche. Ich ging dann vor die Pforte und wieder weg. Ich rief auch Sr. Emmanuela in Diessen an und sagte ihr, dass ich wieder abreisen wolle. Sie überredete mich aber, wenigstens drei Tage zu bleiben."

Als sie sich ein Herz fasst und endlich läutet, bringt sie die Empfangsschwester gleich in der Klausur unter und sagt ihr, dass sie sie zur Vesper um 18 Uhr wieder abholen wird: „Da war es 15 Uhr. Ich hatte mein Handy und das Notebook im Auto gelassen und wusste nicht mehr, wie ich aus dem Kloster rauskommen konnte. Da wurde ich leicht panisch. Meine erste Begegnung mit der Äbtissin war dann sehr frostig, weil ich in der Situation überfordert war.

Sr. M. Sophia Schlembach als Novizin 2011

Sr. M. Sophia Schlembach

Mutter Laetitia fragte mich, was mich davon abhielte, ins Kloster zu gehen. Da fiel mir kein Argument ein, und das wurmte mich anschließend total."

In der dritten Nacht im Kloster wird Erika schließlich ruhig: „Endlich wusste ich, dass ich den Weg ins Kloster gehen würde. Ob es Waldsassen sein würde, war da noch nicht klar." Sie bleibt zwei Wochen, hilft in der Stickerei und dekoriert Kerzen.

Am Ende des Aufenthalts sagt sie Mutter Laetitia, dass sie ins Kloster gehen will. Diese beeinflusst sie nicht weiter in der Suche nach dem geeigneten Ort, sondern gibt ihr Literatur zur Orientierung. Dann reist die junge Frau ab.

Zu Hause sagt sie nach wie vor nichts, doch die Mutter ahnt bereits etwas.

Ostern 2007 verbringt Erika wieder in Waldsassen. An Karfreitag fragt sie spontan die Äbtissin in einem Gespräch, ob sie sie aufnehmen würde: „Ich habe mich mit meiner Ausbildung nicht wirklich hier gesehen." Äbtissin M. Laetitia sieht darin aber kein Problem, sondern bittet nur darum, dass Erika, bevor sie ihre Stelle aufgibt, vier Wochen am Stück in Waldsassen verbringen soll. Sie soll den letzten Schritt wirklich mit Bedacht vollziehen.

Zurück am Arbeitsplatz informiert Erika ihren obersten Chef, dass sie vier Wochen Urlaub braucht. Sie trifft erst auf Unverständnis, da dieser Wunsch untypisch für sie ist. Als die Urlaubsgenehmigung zu scheitern droht, rückt sie mit dem wahren Grund für diese Auszeit heraus. Der Chef zeigt Verständnis für ihre Entscheidung und hält ihr eine Rückkehroption in dieser Phase offen.

Aber Erika möchte nach all den Jahren des Suchens endlich eine Entscheidung treffen: Sie kündigt, bevor sie nach Waldsassen geht. Der 15. Juni 2007 ist ihr letzter Arbeitstag, Anfang Oktober tritt sie in Waldsassen ein. Den wahren Beweggrund für ihren Weggang erzählt sie nur wenigen Menschen: „Denn die wenigsten sahen in mir eine Ordensschwester."

Wenn jemand fragt, sagt sie: „Ich gehe in die nördliche Oberpfalz, dort gibt es ein Projekt, an dem ich mich beteilige."

Dieses „Projekt" beschäftigt die heutige Ordensschwester Sophia nach wie vor. Denn sie ist jetzt auch der Meinung: Singledasein ist keine Lebensform.

Sr. M. Sophia Schlembach

Hausoberin
Sr. Margret Keuck

Mutterhaus der Steyler Missionsschwestern, Steyl/Niederlande

Netzwerken
im Kloster

Hausoberin Sr. Margret Keuck, Mutterhaus der Steyler
Missionsschwestern, Steyl/Niederlande

„Verheiratet bin ich nicht, aber vergeben bin ich." Sr. Margret trägt
an ihrer rechten Hand einen Ring. „Er ist ein Zeichen der Bindung,
des Nicht-mehr-frei-Seins, analog zur Ehe. Ich mag die Formu-
lierung nicht, dass ich mit Jesus verheiratet sei, dann würde man
ihm Vielweiberei unterstellen. Aber als Zeichen der Bindung und
meiner Hingabe an Christus ist der Ring wesentlich. Und er gehört
einfach zum Outfit unserer Gemeinschaft. Ebenso das Kreuz, das
ich um den Hals trage. Das haben alle Mitglieder unserer Kongregation", erklärt die Steyler Missionsschwester.

Sr. Margret Keuck lebt im Mutterhaus der Steyler Missionarinnen
im niederländischen Klosterdorf Steyl, das in der Nähe von Venlo
unweit der Grenze zu Deutschland liegt. Die Missionskongregation
der „Dienerinnen des Heiligen Geistes" (SSpS = Servae Spiritus
Sancti), wie sich die Ordensgemeinschaft nennt, wurde 1889 von
Arnold Janssen dort begründet. Eigentlich wollte der Deutsche
Janssen, der schon 1875 einen Missionsorden, die „Gesellschaft des
göttlichen Worts" (SVD = Societas Verbi Divini), gegründet hatte,
diesen Männerorden in Deutschland ansiedeln, aber das war in
den Zeiten des damaligen Kulturkampfes nicht möglich, deshalb
wich er ins niederländische Steyl aus. Sein Hauptanliegen war seit
Beginn die weltweite Missionsarbeit. Die Ordensmitglieder leben

Sr. Margret Keuck

in internationalen Gemeinschaften und wirken dort, wohin sie geschickt werden.

Das Mutterhaus der Schwestern ist ein imposanter Backsteinbau, von Mauern umgeben, hinter denen sich nicht nur der Wohnbereich der Schwestern, Gästetrakt und Tagungsräume befinden, sondern auch herrliche Gartenanlagen. Immer, wenn ich bei meinen Besuchen in Steyl durch den Haupteingang gehe, habe ich das Gefühl, in eine andere Welt einzutauchen. Für Sr. Margret ist diese Welt das Zuhause, und dies seit 50 Jahren.

Die 63-Jährige vertritt das Mutterhaus der Steyler Missionarinnen nach außen und leitet innerhalb des Hauses auch eine Schwesterngemeinschaft. Hauptamtlich ist sie zuständig für den Gästebereich und das Veranstaltungsprogramm mit Besinnungsangeboten und Exerzitien. Ob Gruppen oder Einzelpersonen, wer einige Tage im Kloster der Steyler Frauengemeinschaft verbringen möchte, für den ist Sr. Margret die erste Ansprechpartnerin. 90 Gästebetten hat das Haus, mit zusätzlichen Klappbetten sowie Matratzen kann Sr. Margret dieses Angebot auf bis 150 Schlafstätten ausweiten – im Notfall.

Sr. Margret Keuck beim Fest „Völker und Kulturen" 2007

Die zupackende Niederrheinerin leitet zum Teil selbst Kurse und steht auch zur Verfügung, wenn externe Besuchergruppen an einer Einführung in die Spiritualität der Ordensgemeinschaft oder einem Rundgang durchs Kloster interessiert sind. „Das mache ich ganz gern selbst, damit das hier nicht nur ein Beleghaus ist, sondern das Besondere an Steyl zum Ausdruck kommt." Auch für Einzelgespräche steht die Hausoberin zur Verfügung, kann aber aus Zeitgründen keine regelmäßige Gesprächsbegleitung anbieten. Dies übernehmen Mitschwestern.

Planen, organisieren, koordinieren, der Kontakt zu den Gästen: „Dies alles ist eigentlich schon ein Full-time-Job", sagt Sr. Margret. Sie hat darüber hinaus aber noch eine weitere wichtige Aufgabe, denn sie ist Leiterin einer Schwesterngruppe innerhalb des Steyler Gesamtkonvents.

Im Haus leben insgesamt 80 Schwestern, die in drei Gruppen aufgeteilt sind: eine mit 35 alten Schwestern, die teilweise betreut werden müssen, ihren eigenen Tagesablauf und auch einen eigenen Lebensbereich haben. Dann die Gruppe von 40 Schwestern mittleren Alters, die Sr. Margret so beschreibt: „Sie nehmen ihre Mitverantwortung noch wahr, aber sie dürfen sich auch aus den Hauptaufgaben zurückziehen." Und schließlich die Gruppe der jüngsten Schwestern im Haus, die aus acht Mitgliedern besteht. Die jüngste ist 28, die älteste fast 70 Jahre alt. Hinzu kommt eine Mitschwester aus Cuxhaven, die dort allein lebt und hin und wieder ins Haus kommt. Die Altersstruktur des Klosters macht deutlich, wie es um den Nachwuchs des Ordens in Mitteleuropa bestellt ist. Sr. Margret leitet die jüngste Gruppe. Da sie nur aus wenigen Schwestern besteht, lässt sich diese Leitungsfunktion auch mit ihrer anderen Tätigkeit vereinbaren.

Als Gruppenleiterin übernimmt die Ordensfrau natürlich auch organisatorische Aufgaben, aber viel wichtiger ist ihr, „eine

Sr. Margret Keuck

Atmosphäre zu schaffen, dass geistliche Gemeinschaft möglich ist.
Geistliche Leitung zu geben, die Schwestern zur Mitverantwortung zu ermutigen, zur Wahrnehmung ihrer Aufgaben als Steyler Missionsschwestern."

Bei Problemen von Gruppenmitgliedern wäre sie rein organisatorisch die erste Ansprechpartnerin. „Aber das muss in der Praxis nicht so sein. Man kann innerhalb der Kommunität ja auch mit anderen Mitschwestern sprechen. Wenn die Oberin allerdings spürt, dass da etwas gärt oder nicht so läuft, wie es sein sollte, hat auch sie die Aufgabe, dies anzusprechen, sei es im Kreis aller Schwestern oder nur mit einer einzelnen. Dann muss sie sehen, woran es liegt und wie es weitergehen kann."

Die Gruppe trifft sich immer mittwochs zum Gruppenabend, an dem solche Dinge auch zur Sprache kommen und in der Runde besprochen werden sollen. Da werden dann auch aktuelle Vorgänge erörtert, beispielsweise Schreiben und Anregungen der Provinz- oder Generalleitung. An Samstagen gibt es ein gemeinsames Bibelgespräch mit anschließender stiller Zeit als Einstieg in den Sonntag, aber auch an anderen Abenden verbringt man gern Zeit zusammen. „Am Sonntagabend treffen wir uns nach dem Abendessen, wenn wir gespült und aufgeräumt haben, und machen dann beispielsweise Spiele wie Triomino, Phase 10 oder Rommé. Manchmal klönen wir auch einfach, oder jemand zeigt Fotos. Auch die Nachrichten schauen alle in der Gruppe ziemlich regelmäßig. Und Freitagabend ist für manche von uns Krimiabend, da schauen wir fern. So kann auch ich sehr gut abschalten", erzählt Sr. Margret, die in ihrer Freizeit übrigens gern Literatur zur Zeitgeschichte liest.

Sr. Margret sowie die Leiterin der ältesten Schwesterngruppe haben jeweils eine Assistentin, und der Leiterin der mittleren Schwesterngruppe im Haus stehen dafür zwei Mitschwestern zur Verfügung. Der Kreis dieser Führungspersonen kommt alle zwei Wochen

zusammen, um Dinge zu besprechen, die das ganze Haus betref-
fen, beispielsweise Festvorbereitungen, personelle Entscheidungen,
Anregungen und Informationen für die Provinzleitung, größere
Neuanschaffungen oder Reparaturen.

In ihrem Lebensumfeld hat Sr. Margret vorwiegend mit Frauen zu
tun, eine Situation, die nicht immer einfach ist: „Die Gefahr einer
reinen Frauengemeinschaft ist immer, ein wenig kleinkariert zu
werden oder auch mal neidisch oder zickig. Das liegt einerseits daran, dass wir als Frauen auf einem Haufen leben, aber ausschlaggebend ist, dass wir Gefahr laufen, uns zu sehr abzuschotten. Wir
gehen nicht jeden Tag raus und werden mit den Problemen und
Sorgen anderer Menschen konfrontiert. Dann besteht die Gefahr,
dass unser eigener Alltag so ein Wasserkopf wird."

Am meisten stört sie das häufige Vergleichen. Im Haus bekommt
man vieles von den anderen mit und fragt sich manchmal, warum
eine Mitschwester gewisse Dinge so und nicht anders handhabt:
„Man legt sich dann öfter zu schnell fest, ohne sich die Mühe zu
machen, nachzufragen und Beweggründe kennenzulernen. Diese
Gefahr ist sicher da. Bei gemischten Gruppen spüre ich immer
wieder, dass da eher das Beste von jedem Geschlecht zum Tragen
kommt. In einer reinen Frauengruppe bin ich anders, als wenn
auch Männer dabei sind. Da kommt eine andere Dynamik rein. Das
gilt für reine Männergruppen übrigens genauso", fasst Sr. Margret
ihre Gedanken zusammen.

Der Besuch einer großen Gruppe von Menschen mit Behinderun-
gen am Wochenende vor unserem Gespräch hat allen Schwestern
wieder deutlich vor Augen geführt, dass sie dankbar sein müssen
für ihr gesundes Leben in Geborgenheit. Sr. Margret sieht solche
Begegnungen immer als große Chance: „Das hat uns klein werden
lassen mit unseren kleinen Sorgen."

Sr. Margret Keuck

Der Arbeitstag von Sr. Margret hat durch den klösterlichen Tagesablauf feste Strukturen und dennoch keine Gleichförmigkeit: „Eine
normale Arbeitswoche im Sinne von Gleichmäßigkeit gibt es hier
nicht, aber das ist auch das Spannende."

- 5.30 h aufstehen
- 6–6.30 h private Meditationszeit mit Einstimmung auf den Tag
- 6.30 h gemeinsames Morgengebet mit den Mitschwestern ihrer
  Gruppe
- 7 h Gottesdienst, an dem auch die Schwestern der mittleren
  Gruppe teilnehmen
- Ca. 7.40 h Frühstück
- 8.15 h Arbeitsbeginn
- 12–12.10 h Mittagsgebet mit Rückblick auf den Vormittag
- 12.15– ca. 12.50 h Mittagessen
- 13–14 h Freizeit
- 18 h Vesper (Abendgebet)
- 18.30–19 h Abendessen

Während der Mahlzeiten wird im Steyler Konvent übrigens nicht
geschwiegen: „Gemeinschaft lebt auch vom Austausch, und da
inzwischen eine Reihe von Schwestern alleine in ihrem Arbeits-
bereich sind, gibt es dort bereits Schweigen genug. Ich denke
da beispielsweise an die Schwester in der Nähstube oder die
Organistin."
Einmal im Monat gibt es am Samstag einen stillen Nachmittag, an
dem man auf die vorhergehenden Wochen zurückblickt. Dann wird
beim Abendessen auch geschwiegen und Musik gehört.

Schreibtischarbeit beansprucht im Alltag von Sr. Margret viel Zeit:
„Der erste Weg am Morgen ist oft zum Computer, um zu schauen,
was an E-Mails eingegangen ist." Hinzu kommen Korrespondenzen

und Telefonate. Es müssen viele Anfragen bearbeitet werden von Gruppen oder Einzelgästen, die ins Haus kommen möchten. Nach den Wochenenden, an denen Kurse stattfanden, fallen häufig auch noch Aufräumarbeiten an.

Die freie Stunde am Mittag fällt oft flach: „Meistens geht es dann um 13 Uhr einfach weiter, oder ich habe bereits Termine. Ich habe dann aber auch keine Hemmungen, einfach mal am Nachmittag eine Stunde rauszugehen, wenn sich das zeitlich einrichten lässt. Gerade durch meinen Aufgabenbereich muss ich sehen, dass ich auch zu einem Ausgleich komme. Die Sonntage beispielsweise sind oft Arbeit pur, dann nehme ich mir unter der Woche eben mal Zeit. Ich komme schon zu meinem Recht."

Dazu gehört für sie auch, das geistige Leben nicht zu vernachlässigen: „Für mich ist die Beziehungspflege zu Gott längst nicht nur an ein Gebet gebunden, sondern sie wird auch deutlich in der Begegnung mit Menschen. Daraus schöpfe ich viel Kraft. Das kostet zwar Energie, aber es schenkt auch neue. Ich versuche, in der Begegnung mit Menschen, im ganz konkreten Alltag, aus dem Geist Jesu heraus zu leben, zu handeln, zu reden. Dadurch, dass ich das Wort Gottes höre, aufnehme, durchmeditiere, meine ich, wird auch mein Handeln mitgeprägt."

Sr. Margret ist eine Netzwerkerin. Dazu gehört einmal die Pflege familiärer Beziehungen. Die Ordensfrau stammt aus der Nähe von Steyl, und ihre Geschwister wohnen mit den Familien in der Umgebung. Natürlich nimmt sie an Familienfesten teil, sooft das möglich ist. Aber sie fährt nicht jede Woche zur Verwandtschaft, sondern handhabt dies im Rahmen des normalen Freizeit- und Ferienkontingents. Sie fände dies sonst unfair gegenüber den Mitschwestern, die niemanden in der Nähe haben: „Aber wenn ich der Meinung bin, dass ich einen Termin außen wahrnehmen sollte, mache ich das einfach. Das handhaben die anderen übrigens auch

Sr. Margret Keuck

so. Ich sage das natürlich, wenn ich weggehe. Aber das macht man doch in Familien auch, wenn man das Haus verlässt. Es könnte ja auch mal was passieren."

Verbindungen hält die Steyler Schwester aber auch in viele andere Richtungen. Sie pflegt zum Beispiel Kontakte zu ehemaligen Teilnehmerinnen am Programm „Kloster auf Zeit", das in Steyl angeboten wird. Sie nimmt an Versammlungen der örtlichen Gemeinde Venlo teil, steht in Verbindung mit Goch, dem Geburtsort ihres Ordensgründers Arnold Janssen, und mit dem Haus der Missionare in der Nachbarschaft, in dem die männlichen Ordensmitglieder leben.

„Ein ganz großes Anliegen sind mir auch unsere Ehemaligen. Dass die ehemaligen Schülerinnen und Kandidatinnen, auch die ehemaligen Schwestern, die nachher einen anderen Weg gingen, immer noch ein Stück Heimat hier haben. Viele sind früher ja auch nicht immer freiwillig gegangen, sondern weil sie weggeschickt wurden, beispielsweise aus gesundheitlichen Gründen, oder weil sie mit der Gemeinschaft nicht klarkamen. Die Gründe waren für diejenigen, die heimgeschickt wurden, nicht immer ganz einsichtig. Das habe ich vielen Gesprächen mit Ehemaligen entnommen."

Sr. Margret investiert viel in diese Kontakte, telefoniert, schreibt, schickt Einladungen zu Jubiläen. Auch spezielle Tage für Ehemalige hat sie organisiert, beispielsweise zum 100-jährigen Jubiläum der Ordensgemeinschaft 1989 oder zum Hausjubiläum 2004. Auch der regelmäßig erscheinende Provinzrundbrief geht an einen großen Verteiler: „Ich kann selbst schlecht jemanden aus dem Herzen entlassen. Beziehungen sind mir sehr wichtig. Das hat nicht nur damit zu tun, dass ich Menschen gern habe, sondern das ist für mich die ganz konkrete Umsetzung unserer Steyler Spiritualität."

Ob jemand, der persönliche Beziehungen so sehr schätzt, nicht solche zum anderen Geschlecht vermisst? „Es kann schon mal schmerzlich sein, keinen Partner für sich zu haben", antwortet Sr. Margret nachdenklich, „was ich aber noch mehr vermisst habe, sind eigene Kinder. Mehr als einen eigenen Mann". Besonders deutlich wurde dies für sie in Zeiten, in denen ihre Geschwister Eltern wurden. „Ich habe viele nette Männer in meinem Leben kennen gelernt, war auch manchmal verliebt, aber nie so, dass ich mir ernsthaft eine Ehe hätte vorstellen können. Im Prinzip ist mir das alles zu klein, ich könnte gar nicht nur einen Mann haben. Ich behaupte mal, dass ich gut auf einen eigenen Mann und Kinder verzichten kann, aber nicht auf Freundschaften. Freundschaft in sich ist etwas sehr Schönes. Das Wort ‚Freundschaft' ist auch in unseren Konstitutionen verankert."

Früher waren Freundschaften in Klöstern nicht gern gesehen. Als Sr. Margret eintrat, durften die Schwestern beispielsweise nicht zu zweit durch den Garten gehen, sondern mussten mindestens zu dritt sein. Dies ist heute anders. „Wir wissen inzwischen aus den Medien, dass es da manchmal Fehlverhalten gegeben hat, wenn zwei Menschen allein waren, auch unter Ordensleuten. Aber man soll nicht etwas Gutes aus Angst vor Missbrauch verbieten", sagt die Oberin.
Sr. Margret hat Freundinnen unter den Mitschwestern. Auch ihre beste Freundin, die sie seit ihrer Anfangszeit im Kloster kennt, lebt hier.
Der Kosmos Kloster: Birgt dieses Lebenskonzept möglicherweise die Gefahr, sich vor den Anforderungen unserer Welt außerhalb der Klostermauern zu drücken?, frage ich Sr. Margret. „Die Gefahr, es sich hier im Kloster gemütlich zu machen, ist da. Man kann dann trotzdem noch eine gute Schwester sein, seine Arbeit erledigen und beten, auch wenn man nicht am Ball bleibt. Man kann vermeiden,

Sr. Margret Keuck

Ferien am Albulasee, Anfang der 1990er Jahre

sich mit Fragen der Gesellschaft und Kirche auseinanderzusetzen. Da kann man sich hier wirklich abschotten. Wenn ich im Kloster nicht meine bürgerliche Informationspflicht wahrnehme, dann bleibe ich jenseits von Gut und Böse."

Sr. Margret trägt seit 1995 kein Ordensgewand mehr, sondern zivile Kleidung. Als sie 1969 eintrat, gab es die Einkleidung, und sie trug dann auch den Habit. Allerdings änderte sie das bereits zeitweise, als sie 1972 zum Studium nach Münster ging. Damals empfahlen ihr Mitschwestern, die schon länger studierten, in Zivil zu gehen. „Das war die Zeit von RAF und ‚Spartakus‘, und es war wahrscheinlich klüger. Ob es besser war, kann ich gar nicht sagen. Aber ich fand's schon gut, man war einfach normaler an der Uni." In Seminaren und Arbeitsgruppen erfuhren die Kommilitonen jedoch meist rasch, dass sie Ordensfrau war. Es war ja auch nicht ihre Absicht, dies zu verheimlichen.

Sie outet sich auch heute nicht immer sofort als Schwester: „Ehrlich gesagt, gönne ich mir manchmal auch die Ruhe, beispielsweise, wenn ich im Zug sitze. Früher wurde ich automatisch in ein Gespräch verwickelt, und das waren natürlich oft auch schöne Erfahrungen. Ordenstracht sprach früher noch für Vertrauenswürdigkeit. Aber jetzt kann ich es genießen, stundenlang im Zug zu sitzen und einfach nur zu lesen oder aus dem Fenster zu schauen."

Wenn die Menschen merken, dass sie Ordensfrau ist, schütten viele ihr Herz aus, berichten über ihre Sorgen, bitten um ein Gebet. „Aber es gab auch Angriffslustige, für die ich eine pure Herausforderung war. Ein rotes Tuch. Aber dem war ich gewachsen, das kann ja auch eine Chance sein."

Die temperamentvolle Ordensschwester wollte eigentlich in die Mission gehen. „In die äußere Mission zu gehen, stand immer auf meiner Wunschliste, sonst wäre ich sicher nicht hier eingetreten.

Sr. Margret Keuck

Wir waren zu Hause sechs Kinder, und drei davon haben Englisch und Erdkunde studiert, auch ich. Also war schon immer eine Liebe zur Welt und eine Bereitschaft zu helfen da."

Bis heute war Sr. Margret jedoch nie außerhalb des Steyler Mutterhauses eingesetzt. Sie betreibt dort innere Mission, also Glaubensarbeit im eigenen Land. Inzwischen hat sie den Gedanken, einmal in ein außereuropäisches Kloster der Gemeinschaft zu gehen, ad acta gelegt. 1994 war sie im Rahmen einer Studienreise drei Wochen in Indien. Über diese Erfahrung ist sie froh: „Das war lange genug, um mir zu zeigen, dass theoretisches Wissen und praktische Erfahrung sehr auseinandergehen. Dabei hatte ich viel über Indien gelesen und war in dieses Land verliebt. Aber die Armut, der Lärmpegel, die bettelnden Kinder, das war bedrückend."

Die 1948 geborene Margret Keuck ist das vierte von sechs Kindern. Ihr Vater ist selbstständiger Malermeister, die Mutter Hausfrau. Die Familie lebt im niederrheinischen Wankum, knapp 24 Kilometer vom holländischen Steyl entfernt. Eine Tante von Margret ist Steyler Missionarin; mit den Eltern besucht sie diese ab und zu im Kloster.

Familie Keuck wohnt direkt neben der Kirche und ist fromm. Morgen- und Abendgebete, Mai- und Sonntagnachmittagsandachten gehören wie die regelmäßigen Gottesdienstbesuche zum Alltag. „Ich habe es als Kind nicht als Zwang empfunden, fast jeden Tag – auch in den Ferien – in die Kirche zu gehen."

Margret ist ein aufgewecktes Kind, und die Steyler Tante empfiehlt den Eltern, die Tochter doch auf das klostereigene Gymnasium zu schicken. Aus eigenem Antrieb hätten sie dies nicht in die Wege geleitet. „Damals gingen Mädchen vom Land seltener aufs Gymnasium", erzählt Sr. Margret heute, „wir gingen normalerweise alle auf die Volksschule. Außerdem wäre es meinen

Eltern aus finanziellen Gründen nicht möglich gewesen, uns Geschwister alle auf eine höhere Schule zu schicken. Nur meine älteste Schwester und mein jüngerer Bruder konnten das Gymnasium besuchen."

Margret ist begeistert von der Idee, aufs Gymnasium gehen zu dürfen. Allerdings hat die Sache einen Haken. Mit Eintritt ins Steyler Gymnasium sollte man sich gleichzeitig verpflichten, Ordensschwester zu werden. Diese höhere Schule war zur Rekrutierung des klostereigenen Nachwuchses gedacht. „Das wollte ich damals überhaupt nicht. Das hätte mir auch niemand geglaubt. Damals war ich noch nicht einmal 13. Es hat mich gar nicht ins Kloster gezogen, absolut nicht. Was mich gezogen hat, war die Schule hier", erzählt die heutige Ordensfrau.

Beim nächsten Besuch der Steyler Tante darf Margret die Schule besichtigen und ist begeistert, vor allem von der Schulschwester

Margret Keuck, hintere Reihe, 2. von links, mit Eltern und Geschwistern 1962

Sr. Margret Keuck

und der großen Tafel, auf die man so viel aufschreiben kann. Es kann geklärt werden, dass sich die Schülerin nicht zum Ordenseintritt verpflichten muss, wenn sie die Klosterschule in Steyl besucht. Damit steht einem Schulwechsel nichts mehr im Wege. Margret geht nach Steyl und wohnt – wie alle Schülerinnen – im klostereigenen Internat. „Ich bin vom ersten Tag an gern in der Schule gewesen. Das war hier auch eine tolle Klassengemeinschaft. Von Anfang an habe ich die Spiritualität hier einfach in mich aufgesogen. 2012 werde ich 50 Jahre hier sein."

1968 macht Margret Keuck Abitur und weiß um diese Zeit bereits, dass sie diesen Ort nicht mehr verlassen will. Nach einem dreimonatigen Aufenthalt in England und einem Praktikum in einer Behörde tritt sie im Februar 1969 in den Orden ein. Zunächst absolviert sie die dreijährige Ordensausbildung mit Postulat und Noviziat und geht 1972 dann zum Studium von Geographie und Anglistik fürs Lehramt nach Münster.
Schon während des Studiums erfährt sie, dass sie als Lehrerin für das Ordensgymnasium in Steyl vorgesehen ist. Nach dem Examen 1977 legt sie 1978 die ewige Profess ab und versieht anschließend den Referendardienst. Zu diesem Zeitpunkt ist bereits klar, dass die Schule im Kloster 1982 geschlossen wird. Schülerinnen- und Lehrerinnenmangel sind die Gründe. „Für mich war das damals keine Riesenenttäuschung, denn ich war ja noch jung und hatte viele andere Möglichkeiten", sagt Sr. Margret heute.
Sie kann sich nun überlegen, ob sie als Lehrerin an eine andere Schule geht oder als Missionarin auf einen anderen Kontinent. „Ich machte aber beides nicht, sondern übernahm 1983 die Jugendarbeit hier im Kloster. Ich dachte, wenn junge Menschen herkommen, die etwas über Glauben hören und diesen vertiefen wollen, dann muss auch jemand hier sein, der sich darum kümmert. Wenn man mich in dieser Zeit von der Generalleitung in Rom oder

unserer Provinzleitung aus gefragt hätte, ob ich bereit wäre, in die Mission zu gehen, wäre das für mich gar keine Frage gewesen. Aber die haben nicht gefragt und ich auch nicht. Ich habe die Aufgabe hier im Haus gern übernommen und nicht bedauert, dass ich nicht ins Ausland ging."

Es kommen viele Jugendliche zu Exerzitien oder Schulendtagen. Auch das Programm „Kloster auf Zeit", das die Möglichkeit bietet, einige Tage oder Wochen im Kloster mit der Gemeinschaft zu leben, bringt viele junge Menschen ins Haus. Ihnen vermittelt Sr. Margret auch ihr Bild von Jesus: „Ich stelle ihn mir vor als einen, der einfach da ist. Oft, ohne dass ich es merke, aber ich weiß es. Er ist mein Wegbegleiter. Ein Wort, das ich im Zusammenhang mit ihm sehr gern mag, obwohl es vielleicht kitschig klingen mag, ist ‚Heiland'. Also jemand, der heilt. Der Menschen heil machen will. Und da tut er mir gut." Sr. Margret hat in ihrem persönlichen Leben immer wieder diese heilende Wirkung erfahren. In jeder Versöhnung liegt nach ihrer Meinung nach etwas davon: „Immer dann, wenn ich spüre, dass ich von Herzen vergeben kann, oder wenn ich merke, dass mir nichts nachgetragen wird, so dass ich wieder neu auf jemanden zugehen kann, sind das für mich wirklich ganz konkrete Heilungserfahrungen."
Die Oberin schätzt den Umgang mit jungen Menschen nach wie vor und bedauert es sehr, dass es im Kloster so wenig Nachwuchs gibt. „Wir beten auch um Berufungen, denn ich halte unsere Lebensweise immer noch für eine Form, die erfüllend sein kann und bereichernd ist, die ich um nichts in der Welt gegen etwas anderes eintauschen möchte." Aber sie versteht die Bedenken, die viele junge Menschen heute haben, eine solche Lebensentscheidung für sich zu treffen.

Sr. Margret Keuck

Dennoch sieht sie die Zukunft ihrer internationalen Ordensgemeinschaft positiv: „Hier in Steyl ist das Mutterhaus einer ganzen Kongregation. Es ist ein Anliegen auch unserer Generalleitung in Rom, dass dieses Haus ein lebendiges Zentrum bleibt. Wir veranstalten hier zahlreiche Kurse für Mitschwestern aus allen Ländern, die bis zu drei Monate bleiben und den Geist des Hauses hinaustragen. Sie haben hier dann ein Stück Heimat. Und meine Hoffnung ist, dass die Niederlassungen in anderen Ländern dann einmal Schwestern für hier bereitstellen. Schließlich sind wir hier auch nicht typisch, weil wir nicht international sind. Das müsste ein Mutterhaus einer internationalen Gemeinschaft eigentlich sein."

Bleibt zum Schluss unseres Gesprächs noch die Frage, ob Sr. Margret zufrieden ist mit dem Weg, den sie bis heute gegangen ist: „Ich war nie nahe daran, das Handtuch zu werfen. Ich könnte mich innerlich gar nicht verabschieden, und ich habe auch keinen Grund dazu. Ich würde genau denselben Weg wieder wählen, wenn ich mich noch einmal entscheiden müsste."

Die Frage, ob Ordensleute wohl grundsätzlich ein glücklicheres Leben führen als Menschen außerhalb der Klostermauern, macht die temperamentvolle Ordensfrau nachdenklich: „Wichtig ist, dass ich weiß, mein Leben hat Sinn, auch mit den Dingen, die ich nicht auf die Reihe kriege. Und wenn ich spüre, dass ich von Gott und auch der Gemeinschaft angenommen bin, dann habe ich keine existenziellen Sorgen. Denn das kann Menschen außerhalb der Klöster oft niederdrücken. Die Belastungen, die viele Familien haben, sind oft viel größer als unsere Belastungen hier im Kloster. Wir setzen uns jeden Tag an einen gedeckten Tisch. Von daher geht es uns so gut, dass wir allen Grund haben, dankbar zu sein. Und das dürfen wir uns jeden Tag mindestens dreimal sagen. Aber wir tun's wohl zu wenig."

Ein großes Anliegen hat die Hausoberin noch für die Zukunft: „Eine Priorität unserer Gemeinschaft ist es, Frauen zu stärken. Frauen weltweit. Frauen zu mehr Selbstbewusstsein zu verhelfen. Dafür möchte ich auch etwas tun. Wo ich kann, bringe ich Frauen nach vorn. Da müssen wir Frauen solidarisch sein." Eine große Herausforderung für die Netzwerkerin Sr. Margret!

Sr. Margret Keuck

Sr. Katharina Klara Schridde

Communität Casteller Ring, Niederlassung Berlin

Neuanfang in Berlin

Sr. Katharina Klara Schridde,
Communität Casteller Ring, Niederlassung Berlin

Noch sind die Koffer nicht fertig gepackt. Im Büro liegen
Umzugskisten am Boden, Stapel auf den Schreibtischen und
Verpackungsmaterial in den Ecken. Bevor Sr. Katharina Klara
Schridde Erfurt verlässt, möchte sie noch ausmisten und Ordnung
schaffen. Sie empfängt mich in der kleinen Klosterstube neben
dem Augustinerkloster. Hier, in einer ruhigen Seitenstraße des
Erfurter Zentrums, kann man sich zu Kaffee und Kuchen oder
einem Imbiss treffen und austauschen. Für Kinder gibt es eine
eigene Ecke mit Bilderbüchern und Spielsachen. Im Obergeschoss,
das über eine enge Treppe zu erreichen ist, liegt derzeit noch
Sr. Katharinas Büro.

Seit 2008 ist die evangelische Ordensfrau Leiterin der Stadtstation
der Communität Casteller Ring im Erfurter Augustinerkloster.
Das Geistliche Zentrum der Ordensgemeinschaft liegt auf dem
unterfränkischen Schwanberg, nahe bei Würzburg. Dort leben
33 Schwestern verschiedener Generationen zusammen. Die evangelischen Ordensfrauen binden sich auf Lebenszeit und haben sich zu
Ehelosigkeit, Gütergemeinschaft und Gehorsam verpflichtet, so, wie
es auch in vielen katholischen Ordensgemeinschaften der Fall ist.
Wie die benediktinischen Konvente katholischen Glaubens führen
auch die evangelischen Schwestern ein Leben im Geist der Regel

Sr. Katharina Schridde

des heiligen Benedikt. Der Wechsel zwischen Stundengebet und Arbeitsphasen – das „ora et labora" – prägt den Tagesablauf.

1996 gründete die Communität Casteller Ring auf Wunsch des Bischofs der Kirchenprovinz Sachsen eine Niederlassung in Erfurt. Die Schwestern sollten wieder geistliches Leben ins Augustiner- kloster bringen. Sie führten Stundengebete ein, gestalteten Gottes- dienste und eröffneten die Klosterstube als Begegnungsstätte. Außerdem organisierten sie Klosterführungen und waren auch in weiteren evangelischen Kirchengemeinden Erfurts engagiert. Zunächst vier Ordensfrauen kamen damals in die thüringische Landeshauptstadt, später waren es sieben, heute sind es noch vier. Sr. Katharina übernahm hier neben der Leitung der Schwestern- gemeinschaft auch seelsorgerische Aufgaben. Die 47-Jährige ist für den Dienst an der Augustinerkirche ordiniert. Als Referentin für Geistliche Begleitung, christliche Meditation und Spiritualität ist es darüber hinaus ihr Anliegen, Menschen in Form von Gesprächs- begleitung zu unterstützen.
Als Sr. Katharina 2008 nach Erfurt kam, war geplant, weitere Schwestern vom Schwanberg ins Augustinerkloster zu entsenden. Aber die Schwestern, die dafür in Frage gekommen wären, über- nahmen dann andere Aufgaben. Das Geistliche Zentrum in Unter- franken wurde so ausgebaut, dass dort die Kräfte gebündelt werden mussten. Hinzu kam die wachsende Anzahl pflegebedürftiger betagter Mitschwestern, für die Sorge getragen werden muss. „Wir sind mit insgesamt vier Schwestern hier in Erfurt zu wenige, um wirklich wahrnehmbar wirken zu können", sagt Sr. Katharina, „das Augustinerkloster zieht als Wirkungsstätte Martin Luthers immer mehr Menschen an. Wir können mit unserer kleinen Schwestern- gruppe die notwendige Organisation nicht mehr leisten. Unser geistlicher Tagesablauf leidet auch darunter, dass wir zu viele an- dere Aufgaben wahrnehmen müssen." Die Lutherdekade, die 2008

begann und bis zum 500. Jahrestag des Thesenanschlags Luthers im Jahr 2017 dauern wird, rückt auch das Augustinerkloster immer mehr in den Fokus des internationalen Interesses. Dies erfordert umfangreiche Öffentlichkeitsarbeit.

Hinzu kommt: Die Ordensfrauen der Communität Casteller Ring gehen mit etwa 70 Jahren ins Zentrum auf den Schwanberg zurück. Und da demnächst zwei in Erfurt lebende Mitschwestern dieses Alter erreichen, wäre die Gemeinschaft noch kleiner geworden. „Bereits seit dem vergangenen Frühjahr ist ziemlich klar, dass wir gehen müssen", sagt Sr. Katharina.

Am 8. Mai 2011 findet der Abschiedsgottesdienst für die Schwestern statt. Ein von der Landeskirche entsandter Augustinerpfarrer wird die ehemaligen Aufgaben der Schwestern weiterführen. Es ist nicht ungewöhnlich, dass die Ordensfrauen einen Ort, an dem sie geistliches Leben gestaltet haben, wieder verlassen und an anderer Stelle eine neue Niederlassung gründen. Dennoch empfindet Sr. Katharina bei dem Gedanken an den Weggang Trauer und Abschiedsschmerz: „Es ist ein Hoffen und Fragen in die Zukunft hinein."

Sr. Katharina war nur drei Jahre in Erfurt. Nach längerer Zeit in der ländlichen Umgebung des Schwanbergs zog es sie wieder in die Stadt. Ihre Aufgabe in Erfurt war nicht immer einfach, aber sie konnte dabei vieles lernen. In Bezug auf die Gottesdiensttätigkeit hat sie hier zahlreiche wertvolle Erfahrungen sammeln können, aber auch im Hinblick auf Möglichkeiten und Grenzen einer Leitungsfunktion. Sie beschreibt dies so: „Welche Kraft wirkt in der Ohmacht? Schwierig war für mich auch die Frage, wie geistliches Leben in eine solche Begegnungsstätte passt. Meine Vorgängerin in der Leitung hat das Leben dieser Stadtstation sehr geprägt. Ich habe eine andere Art. Da ist es mir nicht immer gelungen, zu allen guten Kontakt zu halten."

Sr. Katharina Schridde

Sr. Katharina Schridde 2011

Die gebürtige Berlinerin kehrt nicht, wie ihre Erfurter Mitschwestern, auf den Schwanberg zurück, sondern geht in ihre Heimatstadt. In Berlin-Friedrichshagen begründet sie eine Gemeinschaft, man könnte auch sagen: eine WG. „Ein Ehepaar, eine Studentin und ich wollen zusammen leben, wie es in der Apostelgeschichte beschrieben ist", erklärt Sr. Katharina, „mitten in der Stadt bilden wir eine geistliche Lebensgemeinschaft". Ihr Orden stellt Sr. Katharina für dieses Projekt frei. Die Ordensfrau wird einen Job übernehmen, auf Honorarbasis ist sie bereits jetzt als geistliche Begleiterin tätig. „Berlin hat mir viel gegeben. Deshalb möchte ich etwas an die Stadt zurückgeben. In welcher Form ich das machen werde, weiß ich im Moment noch nicht. Vorstellen kann ich mir aber vieles."

Der Berliner Tonfall schwingt bei der Ordensfrau deutlich mit. Auch die flotte Kommunikationsweise – ihre Worte spielt sie mir im Gespräch wie Ping-Pong-Bälle zu – weist sie als ein Kind der Bundeshauptstadt aus. Dort wird sie als Barbara Schridde 1964 geboren. Über ihr bewegtes Leben hat sie ein Buch geschrieben. „...und plötzlich Nonne" heißt es. Bis es dazu kommt, durchschreitet sie viele Täler und Höhen.

Barbara wächst in einer Wohnsiedlung im Stadtteil Reinickendorf auf. Der Vater arbeitet als Drucker, die Mutter ist Krankenschwester. Babsi, wie sie genannt wird, wächst als behütetes Einzelkind auf. In ihrer Erinnerung sind die frühen Kinderjahre von Einsamkeit geprägt. Es gibt zwar Großeltern, Onkel, Tanten, Cousinen und Vettern, aber der Kontakt zur Familie ist von Seiten ihrer Eltern konfliktbeladen. Verwandtenbesuche ziehen meist Streit zwischen den Eltern nach sich, so dass Barbara mit dem Begriff „Familie" Schwierigkeiten verbindet.

Barbara ist eine begeisterte und sehr gute Schülerin. Sie besucht sogar manchmal freiwillig den Religionsunterricht. Freiwillig aus dem Grund, weil ihre Eltern zwar beide evangelisch sind, ihre Tochter aber nicht taufen ließen. Sie wollen ihr später die Entscheidung selbst überlassen, ob sie einer Kirche beitreten möchte. Religion spielt im Alltagsleben der Familie keine Rolle.

Mit einem einzigen Schulfach hat Barbara ein Problem: dem Sportunterricht. Am Reck, am Stufenbarren oder auf der Aschenbahn macht sie keine gute Figur. Aber sie wird im Alter von acht Jahren von einem Trainer als begabte Schwimmerin entdeckt. Dieser Sport wird für die nächsten sieben Jahre neben der Schule zu ihrem wichtigsten Lebensinhalt. An sechs Abenden in der Woche trainiert sie, der Sonntag ist für die Wettkämpfe reserviert. Barbara ist in ihrer Disziplin sehr erfolgreich. Die Menschen in ihrem Trainingsumfeld werden zu einer Art Ersatzfamilie.

Als die Schülerin dreizehn ist, trennen sich die Eltern. Barbara bleibt bei ihrer Mutter, die zu einem neuen Lebenspartner zieht. Dieser kommt ebenfalls aus der „Schwimmszene", und in dieser gibt es ziemlich viel Gerede über diese neue Partnerschaft. Barbara macht das so zu schaffen, dass sie im Sport nicht mehr die gewohnten Leistungen bringt. Von heute auf morgen beschließt sie, mit dem Schwimmen aufzuhören. Auch wenn Trainer und Ärzte

Sr. Katharina Schridde

sie davor warnen, dass es ihrem Körper einige Probleme bereiten wird, wenn sie ihre sportlichen Aktivitäten sozusagen „von hundert auf null" zurückschraubt. In ihrer Biografie schreibt sie: „Es war eine Aggression, die sich gegen mich selbst richtete. Eine hilflose und ohnmächtige Wut, die sich mangels anderer Ziele gegen die eigene Person richtete und Schmerzen, Verletzung, auch irreversible Beschädigung dieser Person durchaus in Kauf nahm, wenn nicht sogar erstrebte."[1]

Barbara sucht nach einem neuen Lebensinhalt. Sie schließt sich einer alternativen Gruppe an, die sich mit Atomkraft, Umweltschutz und Problemen der Dritten Welt beschäftigt. Sie beginnt, sich für Kunst, Philosophie und Mythologie zu interessieren. Und sie setzt sich mit dem Schicksal der Juden im Nationalsozialismus auseinander. Zum Abitur schenken ihr die Eltern eine Reise nach Israel. Barbara besucht zum ersten Mal die christlichen Stätten. Was sie aber am meisten fasziniert, ist das heutige jüdische Leben. Zurück in Berlin, beginnt sie mit dem Studium von Germanistik und Geschichte. Sie möchte Lehrerin werden. Ihr Leistungszwang macht sich auch dort bemerkbar. Barbara stellt Anforderungen an sich, das Studium mit Bravour zu absolvieren. Zu hohe Anforderungen, wie sich zeigen sollte. Einen festen Freund hat sie bis dahin nicht. Sie ist, wie oft in ihrem Leben, auf sich selbst gestellt und einsam.

Im Studium lernt sie eine zehn Jahre ältere Frau kennen, die mit ihrer Partnerin zusammenlebt. Sie führt Barbara in die Berliner Frauenszene ein und beginnt ein Verhältnis mit ihr. Von einer Wolke der Glückseligkeit fällt die Studentin in eine Depression, als ihre ältere Freundin sie plötzlich verlässt und ihr klar wird, dass sie nur ein Abenteuer für diese Frau war.

---

1   Katharina Schridde, … und plötzlich Nonne, Freiburg i. Br. 2009, S. 40 f.

1984 fliegt Barbara nach Tel Aviv und lebt dort in einer Familie, in der sie wie eine Tochter aufgenommen wird. Sie erlebt eine Herzlichkeit, wie sie sie in ihrer eigenen Familie nie verspürte. Als sie nach Berlin zurückkehrt, ist ihr sehnlichster Wunsch, erneut ins Heilige Land zu reisen. Sie plant, nach ihrem Studium als Lehrerin dort zu arbeiten. Noch zweimal ist Barbara dort. Bei ihrem dritten Aufenthalt passiert etwas, das ihr Leben umkrempelt: Sie wird vergewaltigt. Aus Scham verschweigt sie das Erlebnis gegenüber ihrer israelischen Gastfamilie und auch gegenüber der Familie und Freunden in Deutschland. Aber die seelische Verletzung lässt sich nicht verdrängen. Barbara wird magersüchtig. Zu diesem Zeitpunkt ist sie 23 Jahre alt. Mehrere Jahre leidet sie an dieser Krankheit, ohne sie sich einzugestehen. Erst der Tod einer ebenfalls magersüchtigen Freundin führt ihr die eigene Situation klar vor Augen. Ihr wird deutlich, dass sie endlich einen Sinn in ihrem Leben finden muss.

Sie beschäftigt sich mit dem Buddhismus und plant eine Reise nach Sri Lanka. Doch diese findet am Ende nicht statt. Barbara beschäftigt sich mit Kunst, fährt ins Künstlerdorf Worpswede und erleidet dort in ihrer Pension einen Kreislaufkollaps. Ihre Mutter, von der sie sich in den letzten Jahren abgewendet hatte, pflegt sie und vermittelt ihr eine Stelle als Helferin in einer Berliner Kinderarztpraxis. Die Arbeit dort baut sie so auf, dass sie beschließt, eine Ausbildung als Kinderkrankenschwester zu machen, also den Beruf ihrer Mutter zu ergreifen. Das Studium hat sie zu diesem Zeitpunkt schon abgebrochen.

In all den Jahren hält Barbara Kontakt zu ihrer Großmutter. Ihr vertraut sie vieles an. Eines Tages sprechen sie auch über die Kraft der Vornamen. Barbara war mit ihrem noch nie zufrieden gewesen. Ihr Wunschname ist Katharina. Gemeinsam mit der Großmutter überlegt sie, wie sie es bewerkstelligen könnte, ihren Vornamen zu

Sr. Katharina Schridde

ändern. Der Besuch beim Einwohnermeldeamt bringt sie auf die Idee, dies könne im Rahmen einer christlichen Taufe möglich sein. Dazu wendet sich Barbara an die Pfarrerin einer evangelischen Gemeinde in ihrer Nähe. Und teilt ihr gleich mit, dass sie sich nur eines neuen Vornamens wegen taufen lassen wolle. Sie zählt dann noch alle Vorbehalte gegenüber dem christlichen Glauben auf, die sich im Laufe der Jahre in ihrem Kopf angesammelt haben.

Die Pfarrerin lässt sich auf die Diskussionen ein. Über Monate führen die beiden Frauen Gespräche über Glauben und Religionen. „Ich hatte ein beharrliches Vorurteil gegenüber dem Christentum", sagt Sr. Katharina heute, „mein Gang in die Kirche war ursprünglich eine reine Rechtsformalie, weil ich einen anderen Vornamen wollte. Ich setzte mich aber mehr und mehr mit der Kirche auseinander. Die Taufe ist nicht umkehrbar, deshalb habe ich mir das gut überlegt."

Als Barbara Schridde am Pfingstsonntag 1990 in der Berliner Christusgemeinde auf den Namen Katharina getauft wird, ist ihr klar geworden, dass sie in einer Gemeinschaft mit anderen zusammenleben möchte: „Ich wollte nie allein leben. Ich wusste nun, dass ich in einem geistlichen Umfeld leben wollte, das der Liebe und dem Frieden verpflichtet sein sollte."

Immer wieder hat sie sich mit Gott als dem Menschfreund beschäftigt. Irgendwann kommt ihr, der von Menschen vielfach Verletzten, der Gedanke: „Gott könnte in seiner Liebe ja wirklich auch mich meinen."

1991 fährt Katharina zum Deutschen Evangelischen Kirchentag ins Ruhrgebiet. Dort hat sie ein Schlüsselerlebnis, das ihr gesamtes weiteres Leben verändern wird. Sie trifft Schwestern der Communität Casteller Ring: „Diese Begegnung war so positiv, dass mich der Gedanke nicht verließ, ebenfalls dort eintreten zu wollen." Kurz danach fährt Katharina das erste Mal zum Schwanberg. Sie bleibt drei Wochen, nimmt an den Gebetszeiten teil und hilft in Küche und Garten. Am Ende dieser drei Wochen bittet sie um Aufnahme in die Communität. „Es gab schon lange eine Sehnsucht in mir, endlich anzukommen", sagt die heutige Ordensfrau. Zunächst muss sie aber noch ihre Ausbildung als Krankenschwester abschließen. Im April 1992 wird sie dann als

Sr. Katharina Schridde vor ihrem Weggang nach Berlin

Postulantin in die Communität aufgenommen. „Es ging mir darum, mich in diesem Klangraum zu beheimaten. Aber der Wandel von einer motzigen, durchgeknallten Berlinerin zur Ordensfrau war mitnichten leicht", erzählt Sr. Katharina, „aber das, was mich am meisten angezogen hat, war dieses zweckfreie Dasein".

Die ersten Jahre im Orden sind für die junge Frau hart: „Einen inneren Wertewandel zu vollziehen ist nicht einfach." Was ihr auf dem Gottfindungsweg, wie sie es nennt, die größten Probleme macht, ist die Aufforderung ihrer Priorin, Theologie zu studieren:

Sr. Katharina Schridde

„Ich hatte mein vorheriges Studium nicht abgeschlossen und Panik vor der Uni." Zweimal lehnt sie es ab, ein weiteres Studium zu machen. „Als ich das dritte Mal ablehnen wollte, traf meine Priorin die Entscheidung. Sie machte mir unmissverständlich deutlich, dass ich, um bleiben zu können, zum Studium gehen müsse."

Sie geht nach Erlangen. „Während des Studiums kamen alle meine Ängste wieder hoch", schildert Sr. Katharina. „Ich hatte beispielsweise gigantische Prüfungsangst und fiel auch prompt das erste Mal durch. Was mir dann aber ein großer Trost war, war der große Zuspruch, den ich damals erfuhr. Da wusste ich, ich darf auch scheitern." In den Jahren 1995 bis 2000 folgen mehrere Klinikaufenthalte. Als sie aufhört, permanent über sich selbst nachzudenken, weiß Sr. Katharina, dass sie auf dem Weg der Besserung ist. „Es kam dann der Wunsch, Menschen nahezubringen, dass es einen Gott gibt, der uns bedingungslos liebt. Wir müssen keine Angst mehr haben vor Dingen wie Armut, Scheitern oder Ehrverlust beispielsweise", erzählt die Ordensfrau, „es ist mir wichtig, Menschen auf dem Weg durch all diese Ängste zu begleiten. Ihnen deutlich zu machen, dass wir nicht aus der Liebe Gottes fallen können. So kann man ahnen, was das Evangelium bedeutet."

Nach Abschluss ihres Theologiestudiums arbeitet Sr. Katharina Schridde zehn Jahre als Bildungsreferentin im Geistlichen Zentrum ihrer Ordensgemeinschaft auf dem Schwanberg, bevor sie nach Erfurt gesandt wird. Heute ist sie seit rund 20 Jahren Ordensfrau und stellt fest: „Es ist alles gut geworden. Auch, weil es nicht immer so lief, wie ich es mir wünschte. Ich habe jetzt ein realistischeres Bild von mir selbst. Und ich bin immer noch auf dem Weg zu Gott."

Im Umgang mit anderen Menschen sind ihr zwei Dinge besonders wichtig: Liebe und Barmherzigkeit. „Das gelingt mir nicht immer

so, aber ich arbeite daran", sagt die Berlinerin. Was sie selbst noch
in Zukunft bewirken möchte: „Ich wünsche mir, daran mitwirken
zu können, dass unsere schöne Lebensform von anderen wahrgenommen wird und erhalten bleiben kann, ohne starr zu werden."
Um dies zu schaffen, möchte sie mit Menschen außerhalb der
Orden in Kontakt bleiben. Dies ist auch mit ein Grund für den
neuen Schritt in die Berliner Wohngemeinschaft. Sr. Katharinas
größter Wunsch für die Zukunft: in Frieden und Freundschaft zu
leben.

Sr. Katharina Schridde

Sr. Luise Ziegler

Barmherzige Schwestern vom hl. Vinzenz von Paul,
Konvent St. Vinzenz, Stuttgart

Nicht alles über einen Kamm scheren

Sr. Luise Ziegler, Barmherzige Schwestern vom
hl. Vinzenz von Paul, Konvent St. Vinzenz, Stuttgart

Sie wohnt in einer WG. Mitten in Stuttgart hat Sr. Luise Ziegler derzeit ihr Zuhause. Mit vier Mitschwestern teilt sie sich eine Wohnung im „Haus der Katholischen Kirche". Alle Ordensfrauen der Wohngemeinschaft sind Barmherzige Schwestern vom hl. Vinzenz von Paul in Untermarchtal und von ihrem Mutterhaus nach Stuttgart gesandt. Und alle fünf gehen unterschiedlichen Berufen nach. Eine Schwester arbeitet im Informationszentrum im selben Haus, die zweite in der Alltagsbetreuung von Senioren, eine dritte Schwester leitet die Notaufnahme im ordenseigenen Marienhospital, die vierte führt mit 84 Jahren den Haushalt. Sr. Luise, die fünfte im Bunde, ist Gemeindereferentin.

Die 38-jährige bodenständige Badenerin kam, so könnte man sagen, auf Umwegen in den Ordensstand. Sie hat sich diesen Schritt in ein zölibatäres Leben reiflich überlegt: „Ich denke, in der heutigen Zeit ist es einfach wichtig, dass es Menschen gibt, die in gewisser Weise für ihre Mitmenschen verfügbar sind. Durch ein zölibatäres Leben kann ich zeigen, dass ich nicht nur aus reiner Nächstenliebe für andere Menschen da sein will, sondern mein Leben Gott schenke. Er ruft mich dazu auf, für meine Mitmenschen da zu sein. Dadurch bin ich in mancher Hinsicht einfach freier, als wenn ich Familie hätte. Freier, zu sehen, wo ich gebraucht werde,

Sr. Luise Ziegler beim Stadtbummel in Wangen im Allgäu 2010

und anderen Menschen zu helfen durch das, was ich im Beruf mache. Menschen mit Familie sind einer größeren Rücksichtnahme verpflichtet."

Das Motiv, Menschen zu helfen, war für sie ausschlaggebend für die Berufswahl. Als Gemeindereferentin ist sie derzeit in vier Kirchengemeinden in Stuttgart und Ostfildern beschäftigt. Ihr

Schwerpunkt ist die Jugendarbeit mit Religionsunterricht, Erstkommunion- und Firmkatechese, also der Vorbereitung und Begleitung der Kinder und Jugendlichen auf diese hohen Feste. In einer ihrer Gemeinden nimmt sie darüber hinaus weitere Aufgaben wahr. Dort nimmt sie an den Sitzungen des Pfarrgemeinderats teil, begleitet den Pastoralausschuss und kümmert sich um die Ökumene. Dazu gehört zum Beispiel auch der Besuch von Seniorennachmittagen. Hin und wieder hält sie auf Anfrage auch einen Vortrag. Das Gehalt, das Sr. Luise bezieht, steht ihr nicht persönlich zur Verfügung, sondern fließt ihrem Orden zu. Sie selbst erhält nur ein Taschengeld.

„Gremienarbeit gehört ganz stark zu meinem Berufsbild", erzählt die Ordensfrau. „Ich brauche daher natürlich auch Zeit, Dinge vorzubereiten, zu strukturieren und Kontakt zu den Menschen aufzunehmen. Das ist gerade in der Jugendarbeit wichtig. Ich muss beispielsweise jungendliche Gruppenleiter finden und betreuen, die für die Kindergruppen zuständig sind." Zum Austausch von Informationen bedient sie sich selbstverständlich moderner Kommunikationswege: „Kontakt zu den Jugendlichen habe ich dann viel über Facebook. Ich habe gemerkt, dass ich so viel besser mit ihnen in Verbindung bleiben kann. Die rufen ihre Facebooknachrichten viel häufiger ab als ihre E-Mails."

Für Menschen, die den persönlichen Kontakt zu ihr suchen, bietet Sr. Luise in jeder ihrer vier Kirchengemeinden wöchentliche Sprechstunden an. In den meisten Fällen kommen dann ehrenamtliche Mitarbeiter, die Hilfestellung brauchen oder etwas mit ihr zusammen organisieren möchten. Seltener wird sie von Menschen mit persönlichen Anliegen aufgesucht. Gespräche über Krisensituationen oder menschliche Schwierigkeiten ergeben sich oft in anderen Zusammenhängen: „Wo ich mit erwachsenen Menschen ganz gut in ein persönliches Gespräch komme, ist beispielsweise

Sr. Luise Ziegler

bei den Anmeldegesprächen zur Erstkommunion. Da merke ich, dass Eltern, die gerade in einer problematischen familiären Situation sind, recht dankbar dafür sind, einfach einmal reden zu können. Vor allem dafür, dass dies vertraulich gehandhabt wird und nichts nach außen dringt." Vielen geht es nur darum, einmal ihr Herz ausschütten zu können.

Manchmal kommen jedoch auch Menschen, die sich beispielsweise Sorgen um betagte Nachbarn machen, die mit der Bewältigung ihres Alltags überfordert sind. Diesen Hinweisen nachzugehen, erfordert bei Sr. Luise viel Fingerspitzengefühl. Viele Menschen möchten sich nicht in die Karten schauen lassen, wenn es ihnen schlechtgeht. Bevor Sr. Luise mit der betreffenden Person Kontakt aufnimmt, holt sie daher in der Regel weitere Informationen ein. Erst dann ruft sie die betreffenden Personen an, fragt, wie es geht, und meldet sich gegebenenfalls zu einem Besuch an. Meistens ist die Resonanz positiv: „Die Menschen, um die es normalerweise geht, sind ja alles langjährige Gemeindemitglieder. Die freuen sich über die Aufmerksamkeit."

Als Ordensfrau genießt sie nach ihrem persönlichen Eindruck hin und wieder einen Vertrauensvorschuss: „Für manche spielt sicher mein Ordensgewand eine Rolle, dass sie mir vertrauen. Aber ich habe das Gefühl, je jünger die Menschen sind, desto mehr nehmen sie mich als Mensch hinter dem Ordensgewand wahr." Vertrauen wird für Sr. Luise auch darin deutlich, dass manche Gemeindemitglieder ihr gegenüber offen Kritik an der Kirche äußern – und dann manchmal erstaunt sind, wenn sie diese Kritik teilt.

Die junge Ordensschwester stört sich vor allem an der Lagerbildung in der Kirche: „Wir denken heute immer, dass alle so leben müssen wie wir, damit eine Einheit in der Kirche sein kann. Aber das stimmt nicht. Es ist schön, dass wir eine weltweite Kirche sind. Aber das heißt nicht, dass die anderen weniger wert sind. Es gibt zu viele Vorurteile innerhalb der Kirche und gegenüber anderen Glaubensgemeinschaften. Jeder hat doch seinen eigenen Weg, seinen Glauben zu leben. Solange Jesus unsere Mitte ist, sind doch manchmal die Richtungsstreitigkeiten, die da ausgefochten werden, Kämpfe um des Kaisers Bart. Wir sind heute in der Kirche in einer Situation, in der wir uns das nicht leisten können."

Was ihr in ihrem konkreten Arbeitsumfeld hin und wieder nicht passt, ist die Arroganz mancher Priester gegenüber ehrenamtlich Tätigen. Denn dies sind ja die aktivsten Gemeindemitglieder. Manchmal beschweren sich Menschen bei ihr über eine solch unfaire Behandlung. Wenn sie es für sinnvoll hält, spricht sie den betreffenden Pfarrer dann an: „Mich behandeln Priester eigentlich nicht so. Dadurch, dass ich Ordensschwester bin, habe ich bei manchen Pfarrern einen anderen Stand. Da frage ich mich aber, woher das kommt, denn eigentlich bin ich kirchenrechtlich betrachtet auch ein Laie. Das finde ich schade, denn vor Gott sind wir doch alle gleich."

Sr. Luise stößt sich nicht an der hierarchischen Struktur der Kirche. In einer weltweiten Organisation ist so etwas aus ihrer Sicht unabdingbar. Was sie stört, ist jedoch jegliches Pochen auf Privilegien. Bedauerlich findet sie auch, dass man die Menschen nicht dort abholt, wo sie stehen: „Ich unterstelle dem Papst bei allem, was er tut, eine gute Absicht. Aber manches kommt einfach schräg rüber, weil nicht zwischen dem innerkirchlichen Sprachgebrauch und dem, wie Menschen heute reden, unterschieden wird. Das ist auch manchmal in den Gemeinden schwierig. Wenn dann hin und wieder Verlautbarungen aus Rom kommen, und die sind in diesem getragenen, blumigen Deutsch, dann weiß man genau, die meisten Leute verstehen das nicht. Und wenn, dann höchstwahrscheinlich falsch. Dann wundert es mich auch nicht, wenn beispielsweise in den Zeitungen manchmal falsche Dinge stehen."

Sr. Luise Ziegler

Wie kann die Kirche in der heutigen Zeit junge Menschen begeistern, die viele Konkurrenzangebote haben? In ihrer Arbeit versucht Sr. Luise, den Jugendlichen zu vermitteln, dass sie für sie da ist und auch in Bereichen Hilfestellung anbieten kann, die nichts mit der Kirche zu tun haben. Vor einer Weile gab sie beispielsweise einer Abiturientin einmal Tipps fürs mündliche Abitur. Die Schülerin erhielt dann in der Prüfung 14 Punkte und Sr. Luise von ihr eine begeisterte E-Mail. Manchmal geht es auch nur darum, jungen Menschen Tipps zu geben, wohin sie sich mit einem Problem wenden können: „Ich kann nicht selbst alles wissen oder können in unserer heutigen komplexen Zeit. Aber es ist wichtig, dass ich weiß, wohin ich jemanden mit seinem Anliegen schicken kann", erklärt die Ordensfrau.

Ihr ist allerdings auch klar, dass die Kirche nicht Anlaufstelle für alle Menschen sein kann: „Es gibt beispielsweise einige Gruppierungen von Jugendlichen, an die können wir nicht herankommen. Die suchen nichts von dem, was wir ihnen bieten können. Und wenn diese nicht auf einer religiösen Suche sind, muss man ihnen dies einfach auch lassen." Und sie fügt hinzu: „Ich muss nicht die ganze Welt bekehren. Jeder Mensch hat eine eigene Berufung. Das klingt jetzt vielleicht ketzerisch, aber ich denke, Gott ist größer als die Kirche, und er geht mit jedem Menschen seinen Weg. Egal, ob jemand jetzt bei uns in den Gottesdiensten auftaucht oder nicht."

Sr. Luise ist mit großem Engagement bei der Sache, das merkt man in unserem Gespräch immer wieder. Was sie aber nicht mag: anderen Menschen ihren Glauben aufzudrängen. Das würde sie auch selbst nicht schätzen. Ihrer Meinung nach ist die Tatsache, dass sie Ordensfrau ist und damit ihren Glauben offen dokumentiert, Aussage genug. Da muss sie nicht mit vielen Worten missionieren. Sie spricht andere Menschen diesbezüglich auch nur dann an, wenn sie den Eindruck hat, dass diese auf der Gottsuche sind. „Mir ist es wichtig, dass das, was ich mache, einigen Leuten hilft. Vielleicht darin, ihr Leben ein Stück weit besser zu leben oder auch ihren Weg zu entdecken." Das Wichtigste ist für die junge Ordensfrau, für andere Menschen da zu sein. Im Sinne ihres Ordensgründers Vinzenz von Paul sagt sie: „In der Art, wie ich meine Arbeit mache, sollen die Menschen auch erahnen können, dass ich Zeugnis geben will von der Liebe Gottes zu den Menschen. Das ist nicht immer leicht, denn manchmal muss man auch Dinge machen, die den Menschen nicht passen." Sie denkt dabei beispielsweise an Angebotskürzungen in ihren Kirchengemeinden, die aus personellen Gründen notwendig sind.

Schwierigkeiten hat Sr. Luise auch mit der Einstellung der Kirche zur Wiederverheiratung Geschiedener oder dem Sträuben mancher Pfarrer gegenüber Neuerungen: „Man muss doch Kirche so gestalten, dass sie für die Menschen heute wieder interessanter wird." Kommunikationsfähigkeit ist bei ihrer Arbeit ganz wichtig: „Wenn ich mit der Stadtbahn in meine Gemeinden fahre, erlebe ich es immer wieder, dass ich mit Leuten ins Gespräch komme, weil sie mich als Ordensschwester erkennen." Das sind die positiven Begegnungen. Aber es gibt auch andere: „Was ich eher als unangenehm empfinde, ist beispielsweise, wenn ich zur Zeit im Stuttgarter Schlossgarten spazieren gehe. Da sind im Rahmen der Demonstrationen gegen ,Stuttgart 21' viele Leute unterwegs. Darunter auch solche, die es darauf anlegen, einen zu provozieren." Ihre Erfahrung ist, dass solche Menschen oft verlegen werden, wenn man auf sie zugeht.

Neben Kommunikationsfähigkeit benötigt Sr. Luise für ihre zahlreichen Aufgaben viele weitere Qualifikationen, darunter auch, abstrakt denken und strukturieren zu können. Dabei kommt ihr das Informatikstudium zugute, das sie vor ihrem Klostereintritt

Sr. Luise Ziegler

abgeschlossen hat. Ganz wichtig sind darüber hinaus Einfüh-
lungsvermögen und Authentizität. Sr. Luise wird nachdenklich,
als sie sagt: „Ich denke oft, viele Menschen haben den Eindruck,
eine Schwester ist fromm und hält hundertprozentig zur Kirche.
Dann merke ich: Wenn ich zugebe, dass ich auch manchmal meine
Schwierigkeiten mit der Kirche habe, schätzen die Menschen diese
Ehrlichkeit."
Für ihre Tätigkeit als Gemeindereferentin hat Sr. Luise ein vier-
jähriges religionspädagogisches Studium an einer Fachakademie
in Freiburg absolviert, dem Margarete Ruckmich-Haus. Danach
kam eine kirchliche Dienstprüfung durch die Diözese, dann eine
zweijährige Diensteinführungsphase, an deren Ende eine zweite
Dienstprüfung stand. Bis es jedoch so weit war, ging die heutige
Ordensfrau einige Umwege.

Renate Ziegler, so ihr Taufname, wird 1973 im badischen Otters-
weier, einem Wallfahrtsort, geboren. Behütet wächst sie als Einzelkind auf. Bis zu ihrem 13. Lebensjahr lebt die Großmutter mit
im Haus. Sie ist das religiöse Vorbild der Enkeltochter. Regelmäßig
geht die Familie sonntags zur Kirche. Die Mutter ist Hausfrau, der
Vater Bahnbeamter. Eine Zeitlang begleitet er Reisegruppen in
Sonderzügen. Tochter Renate darf ihn dabei zu ihrer Freude häufig
begleiten.
Nachdem sie die Grundschule absolviert hat, wechselt sie auf
ein kirchliches Gymnasium und wählt als Leistungsfächer in
der Oberstufe Mathematik und Physik. Nach dem Abitur 1992
beginnt sie ein Informatikstudium in Karlsruhe. Wegen der
räumlichen Nähe bleibt sie im Elternhaus wohnen. In der Freizeit engagiert sie sich beim Roten Kreuz und leitet die örtliche
Jugendgruppe. Auf Anregung ihres Pfarrers ist sie auch in ihrer
Kirchengemeinde aktiv, hilft bei der Firmvorbereitung, leitet Ge-
sprächsgruppen und übernimmt Lektorendienste. „Diese Gemein-

schaft, die ich vor allem bei der Jugendarbeit in der Gemeinde erfuhr, hat mir innerlich sehr viel Kraft gegeben."

Im Frühjahr 1998 wird ihr immer klarer, dass der Informatikbereich nicht das berufliche Umfeld ist, in dem sie den Rest ihres Lebens tätig sein will. In dieser Zeit beginnt sie, vor ihrer Fahrt zur Uni morgens in der Wallfahrtskirche ihres Orts den Gottesdienst zu besuchen. Donnerstags findet dort auch immer eine Abendmesse statt. Was Renate Ziegler damals noch nicht weiß: Der erste Donnerstag im Monat ist immer der Gebetstag für geistliche Berufe. Zufällig – oder nicht? – besucht sie an einem solchen Donnerstag auch einmal die Abendmesse. Ein Pater hält an diesem Abend eine Predigt über das Ordensleben. Da macht es bei Renate „klick": „Ich saß da drin und dachte mir, der redet jetzt nur für mich. Ich habe mich da so persönlich angesprochen gefühlt und bin ganz verwirrt nach Hause gegangen. Meine Eltern merkten, dass irgendwas nicht stimmte, aber ich konnte ja gar nicht formulieren, was es war. Es hat mich einfach persönlich betroffen." Damals ist die Studentin 25 Jahre alt und Single.

Renate war zwar schon einige Male verliebt, aber dann stellte sich immer bald heraus, dass es nicht der Richtige war. Einen festen

Renate Ziegler, die spätere Sr. Luise, als Studentin

Freund gab es nie. „Manchmal denke ich auch, das hat echt so sein sollen."

Nach dem denkwürdigen Gottesdienst am Donnerstagabend kümmert sich Renate wieder mehr um ihr Glaubensleben, wie sie sagt. Sehr oft geht sie nachmittags in die Wallfahrtskirche, sitzt einfach nur da, schaut sich die Votivbilder an oder den brennenden Kerzen zu. Das geht den ganzen Sommer 1998 so. Dann macht sie sich auf die Suche: „Irgendwann bin ich drauf gekommen, dass das Leben im Kloster vielleicht doch etwas für mich sein könnte." Die Studentin lebt immer einmal wieder für eine Woche mit in einem Kloster oder nimmt dort auch an Besinnungstagen teil. „Das Interessante war, dass es mir eigentlich in allen Klöstern gefallen hat. Aber ich hatte nirgends so dieses Aha-Erlebnis, zu merken, hier passt's."

Allmählich ist die junge Frau der Meinung, dass es wohl eher eine fixe Idee von ihr war, ins Kloster gehen zu wollen. In dieser Phase wird ihr allerdings auch klar, dass sie nicht ihr ganzes Leben als Informatikerin tätig sein möchte. Während der Besinnungstage entdeckt sie viele Talente in sich, die sie stärker fördern möchte, beispielsweise ihre Musikalität oder ihre Kommunikationsfähigkeit. Was sie genau machen möchte, weiß sie zu diesem Zeitpunkt allerdings noch nicht. Dies bringt ein weiteres Erlebnis zutage.

Durch ihre Aktivitäten in der Kirchengemeinde kommt Renate Ziegler auch immer wieder einmal mit der örtlichen Gemeindereferentin ins Gespräch. Eines Tages fragt diese Renate spontan, ob das nicht auch ein Beruf für sie wäre. „In dem Moment wurde mir klar, ja, das ist es", erzählt die heutige Sr. Luise. Zufall oder nicht? Die junge Frau bewirbt sich in Freiburg an der Fachhochschule um einen Studienplatz in Religionspädagogik. Gleichzeitig schließt sie ihr Informatikstudium in Karlsruhe mit dem Diplom ab, wohl wissend, dass sie diesen Beruf nicht ausüben will.

Irgendwann in dieser Zeit bekommen die Eltern Ziegler mit, dass ihre Tochter sich für ein Leben als Ordensfrau interessiert. Da Renate ihr einziges Kind ist, sind sie zunächst enttäuscht, voraussichtlich keine Enkelkinder zu bekommen.

Im Freiburger Studium lernt Renate Sr. Johanna, eine Vinzentinerin aus Untermarchtal, kennen, die an derselben Grundschule wie sie ein Praktikum absolviert. Die beiden Studentinnen schreiben darüber eine gemeinsame Semesterarbeit. Damit sie sich in Ruhe darauf konzentrieren können, lädt Sr. Johanna ihre Kommilitonin nach Untermarchtal ein. Als Renate Ziegler das wunderschön gelegene Kloster auf der Schwäbischen Alb im Herbst 2001 zum ersten Mal besucht, löst dies eine Initialzündung aus: „Ich kam dort rein, und dann hat's ‚klick‘ gemacht. Das war, als wenn man einen Schalter umlegt. Es war mir sofort völlig klar, hier gehöre ich her."

Was sie fasziniert, sind vor allem drei Dinge: einmal der Umgang der Schwestern miteinander. Sie spürt eine bodenständige Spiritualität, die auch ihr entspricht: „Eine schwärmerische Spiritualität ist nicht mein Ding. Dieses leicht Schwebende, damit kann ich überhaupt nichts anfangen."

Zum Zweiten beeindruckt sie die moderne, von einem Corbusier-Schüler entworfene Kirche. Und der dritte Grund ist der Ordensgründer Vinzenz von Paul selbst: „Überall im Haus hängen Bilder von ihm. Und Vinzenz schaute mich so schelmisch an. Dieser Blick hat mich nicht mehr losgelassen."

Im ganzen folgenden Jahr sucht Renate Ziegler immer wieder nach einem Grund, in Untermarchtal vorbeizufahren. Um Klarheit darüber zu bekommen, wohin sie gehört, macht sie zum Jahreswechsel 2002/2003 Exerzitien bei Franziskanerinnen am Bodensee. Die ganze Woche über denkt sie nur an Untermarchtal. „Da wusste ich, das ist mein Ort."

Sr. Luise Ziegler

Im Herbst 2003 wird Renate Ziegler Kandidatin, das heißt, sie erklärt ihre Absicht, in die Gemeinschaft der Vinzentinerinnen von Untermarchtal einzutreten, beendet aber vorher noch ihre Ausbildung in Freiburg. Im Schnitt verbringt sie ein Wochenende im Monat im Mutterhaus, nimmt dann am Konventsleben teil und lernt die Schwestern so auch besser kennen. In dieser Phase hat sie jederzeit die Möglichkeit, es sich noch einmal anders zu überlegen. Die Untermarchtaler Vinzentinerinnen legen übrigens, im Gegensatz zu vielen anderen Ordensgemeinschaften, ihr Gelübde ab, aber erneuern dieses jedes Jahr in der Osternacht. Wer dann nicht mehr unterschreibt, dass er für ein weiteres Jahr im Kloster bleiben möchte, wird ohne größere Schwierigkeiten entlassen.
Im Jahr 2004 besteht Renate Ziegler ihre erste Dienstprüfung als Gemeindereferentin, schließt ihr Studium damit ab und beginnt eine zweijährige Berufseinführung in Mühlacker bei Pforzheim. Im September 2006 tritt sie in Untermarchtal als Postulantin ein. „Vom ersten Gedanken an ein Leben im Kloster bis zum Eintritt vergingen acht Jahre. Eine lange Zeit, in der ich mich oft damit auseinandergesetzt habe, ob ich wirklich diesen Weg wählen soll. Aber ich habe immer gemerkt, es zieht mich wieder hierher. Wenn ich ein Wochenende hier gewesen war, konnte ich mich fast nicht trennen. Es war dann beim Eintritt so, dass ich dachte: ,Endlich ist es so weit.'"

Auch Renates Eltern hatten genug Zeit, sich mit der Lebensentscheidung ihrer Tochter anzufreunden. Nach dem ersten Besuch in Untermarchtal stellt die Mutter fest, dass es ihr dort auch gefallen würde. Es ist für sie auch eine große Beruhigung, dass ihr einziges Kind jetzt nur eineinhalb Fahrstunden von ihrem Elternhaus entfernt lebt. In Absprache mit ihrer WG kann Renate ihre Eltern kurzfristig besuchen. Und umgekehrt können diese auch bei ihr vorbeikommen, wenn es in ihren Tagesablauf passt.

Das Postulat in Untermarchtal dauert ein Jahr. In dieser Zeit trägt Renate noch zivile Kleidung. Vormittags hilft sie im Kloster in unterschiedlichen Bereichen, beispielsweise im Bügelzimmer an der Mangel oder beim Reinigungsdienst. Am Nachmittag ist Unterricht, etwa in Kongregationsgeschichte und vinzentinischer Spiritualität. Ein spezielles Anliegen der Ordensgründer Vinzenz von Paul und Louise de Marillac war es, dass die Schwestern nicht in einem geschlossenen Konvent leben, sondern außerhalb ihrer Arbeit nachgehen: „Für Vinzenz war immer klar, dass die Tat an erster Stelle steht. Erst dann kommt das Gebet."

Am 27. September 2007 ist Renate Zieglers großer Tag: die Einkleidung. Im Rahmen einer feierlichen Vesper bekommt sie ihr Ordenskleid und den Ordensnamen. Er entspricht ihrem Wunsch: In Anlehnung an die Ordensgründerin Louise de Marillac heißt Renate Ziegler nun Sr. Luise. „Mich hat beeindruckt, wie wichtig es für sie war, den Kindern und Jugendlichen ihrer Zeit zu helfen." Auf das „o" in Louise hat sie wegen der einfacheren Schreibweise verzichtet.

Nun folgt das zweijährige Noviziat. Während des ersten Jahres bleibt Sr. Luise in Untermarchtal, im zweiten absolviert sie ein berufsbezogenes Praktikum in der Pfarrei St. Martin in Wangen im Allgäu.

Ihre Profess, also die endgültige Bindung an ihre Ordensgemeinschaft, ist am 5. September 2009. Zwei Tage später tritt sie ihre Anstellung als Gemeindereferentin in Stuttgart an und zieht in den erst kurz vorher neu gegründeten Konvent, in dem sie jetzt lebt.

Ihr Arbeitstag ist dicht gedrängt. Sr. Luise steht um 6 Uhr auf. Um 6.45 Uhr trifft sich ihre Schwesternwohngemeinschaft zum gemeinsamen Gebet, danach ist Frühstück. Wegen der unterschiedlichen Berufe der Ordensfrauen ist dies oft die einzige Mahlzeit

Sr. Luise Ziegler

des Tages, zu der alle zusammenkommen. Manchmal hat Sr. Luise dann noch ein wenig Zeit, um in der Bibel zu lesen. Anschließend geht sie in der Regel mit ihren Mitschwestern zur Messe, dann beginnt ihr Arbeitstag.

An zwei Vormittagen gibt die Ordensschwester Religionsunterricht, an den anderen hat sie in ihren Kirchengemeinden zu tun. Meistens kommt sie zum Mittagessen nach Hause. Nachmittags sind Sprechstunden in den Gemeinden, Besprechungen und Gremiensitzungen. Manchmal hat sie an den Nachmittagen auch in zwei verschiedenen Gemeinden zu tun. Wenn Sr. Luise keine Abendtermine hat, versucht sie, um 18 Uhr zur Vesper wieder in ihrer Wohngemeinschaft zu sein. Dieser folgt das gemeinsame Abendessen, und danach hat jede Schwester meist noch irgendetwas zu erledigen. Oft trifft man sich zu den Nachrichten um 20 Uhr wieder vor dem Fernseher. Die jüngeren Schwestern schauen sich dann manchmal noch gemeinsam eine DVD an, in seltenen Fällen gehen sie auch einmal ins Kino. Sr. Luises Lieblingsfilme sind „Der Herr der Ringe" und „Harry Potter". „Ich mag einfach Fantasy- oder Sciencefiction-Filme." In ihrer Freizeit hört sie auch gern Popmusik, beispielsweise „Bon Jovi" oder „Green Day".

Wenn Sr. Luise Abendtermine hat, was auch dreimal pro Woche vorkommen kann, bleibt sie meist in der jeweiligen Kirchengemeinde, in der sie gerade zu tun hat, und fährt nicht zum Abendessen zurück. Oft ist sie dann erst um 23 Uhr zu Hause. Wie sieht es an diesen Tagen mit den Gebetszeiten aus? „Manchmal, wenn ich viel zu tun habe, mache ich einfach durch und komme nicht zum Beten. Ehrlich gesagt, schaffe ich es dann oft auch nicht, das Gebet am späten Abend nachzuholen."

Sr. Luise ist beruflich sehr eingespannt und in vielen Richtungen engagiert. War es für sie rückblickend eine gute Entscheidung, den Weg aus der Wissenschaft in einen Orden zu gehen? „Das war die beste Entscheidung meines Lebens. Ich fühle mich wie ein Fisch im Wasser. Das liegt auch daran, dass ich einen Beruf habe, der für mich sehr viel Sinn macht. Und natürlich auch an der Gemeinschaft." Ihr Handlungsprinzip: nicht alles über einen Kamm zu scheren und nicht ideologisch vorzugehen.

Für Sr. Luise hat sich die Entscheidung für ein Ordensleben gelohnt. Welche Perspektiven haben denn Orden aus ihrer Sicht heute überhaupt noch? Sie antwortet: „Ich denke schon, dass Orden Zukunft haben. Es kann nicht sein, dass jeder unbedingt heiraten oder als Single leben muss. Wenn es keine Orden mehr gäbe, würde das in unserer Gesellschaft schon eine Lücke hinterlassen."

Urlaub mit den Eltern 2006

Sr. Luise Ziegler

Hausoberin
Sr. Andrea Anito

Missionsbenediktinerinnen, Kloster Jakobsberg, Ockenheim

In der Welt
zu Hause

Hausoberin Sr. Andrea Anito, Missionsbenediktine-
rinnen, Kloster Jakobsberg, Ockenheim

Ihre Fröhlichkeit ist wirklich ansteckend. Ein solch kräftiges Lachen
würde man dieser zierlichen Person gar nicht zutrauen. Mit ihrem
Charme und ihrem offenen Wesen kommt Sr. Andrea Anito leicht
mit anderen Menschen in Kontakt. Die Benediktinerin stammt von
der philippinischen Insel Mindanao und ist seit 2008 Hausoberin des
aus derzeit vier philippinischen Schwestern bestehenden Konvents
im Kloster Jakobsberg in Ockenheim, nahe Bingen am Rhein.
Kontakte aufzubauen, auf Menschen zuzugehen, das ist auch eine
der Hauptaufgaben der 51-jährigen Ordensschwester. Und dies ist
mit ein Grund, warum sie vor drei Jahren hierherkam – ohne deutsche Sprachkenntnisse und mit sehr vagen Vorstellungen davon,
was sie an ihrem neuen Wirkungsort in Rheinhessen erwarteten
würde.

Das Kloster Jakobsberg ist eine 1960 gegründete Niederlassung der
Missionsbenediktiner von St. Ottilien in der Nähe des Ammersees.
Die Ordensmänner lebten knapp 50 Jahre lang allein auf dem Berg
mit dem herrlichen Blick über den Rhein. Als Sr. Andrea Ende Mai
2008 mit den ersten beiden Mitschwestern eintraf, betrat sie viel
Neuland.
Ein eigens für die Schwestern renoviertes ehemaliges Pilgerhaus
musste eingerichtet und bezogen werden. Die philippinischen

Sr. Andrea Anito

Sr. Andrea Anito im Kloster Jakobsberg 2009

Schwestern waren zuvor aus Wirkungsstätten in verschiedenen Ländern zusammengekommen und mussten erst einmal ihr Gemeinschaftsleben strukturieren und organisieren. Darüber hinaus musste geklärt werden, welche Aufgaben sie in Kloster und Bildungshaus ihrer männlichen Mitbrüder und Nachbarn übernehmen sollten. Und zu guter Letzt sollten sie ihre wichtigste Aufgabe in Angriff nehmen, nämlich eine Begegnungsstätte für ihre philippinischen Landsleute im Rhein-Main-Gebiet zu schaffen.

Jede einzelne Aufgabe ist für sich betrachtet schon keine einfache Sache. Auf die philippinischen Ordensfrauen kam jedoch am Anfang ein ganzes Anforderungspaket zu. Sr. Andrea muss als Gründungsoberin die Interessen ihrer Mitschwestern gegenüber den Mönchen und auch in verschiedenen Gremien der Diözese Mainz vertreten. Wegen dieser neuen Herausforderung als Gründungsoberin der Schwesterngemeinschaft auf dem Jakobsberg hatte sie große Bedenken: „Natürlich hatte ich auch Angst, ob ich das alles richtig machen würde. Es beschäftigte mich sehr, was ich als Erstes angehen sollte, denn es gab ja viel zu tun – die Schwestern zu einer Gemeinschaft zu formen, unser Leben zu organisieren, Schwerpunkte zu setzen. Ein großes Problem für mich war auch die

Sprache." Ohne deutsche Sprachkenntnisse war das alles natürlich nicht zu schaffen.

So belegten die Ordensfrauen erst einmal einen dreimonatigen Intensivsprachkurs, den Sr. Andrea übrigens mit Bravour abschloss. Und es ist beeindruckend, wie problemlos wir uns auf Deutsch unterhalten können.

Zu den täglichen Aufgaben der Schwestern gehört es, mit den Mönchen zu beten und zu arbeiten. Fünfmal am Tag treffen sie sich zum gemeinsamen Chorgebet in der Klosterkirche, deren Bau den Wohnbereich der Schwestern von dem der Mönche trennt. Sie ist also im doppelten Sinne Mittelpunkt der Ordensleute. Nach der Morgenhore, dem ersten gemeinsamen Gebet des Tages, gehen Schwestern und Mönche bis zum Mittag ihrer Arbeit nach. Dann findet das nächste Chorgebet statt, danach das Mittagessen sowie eine kurze Mittagsruhe, bis die nachmittägliche Arbeit beginnt. Die Schwestern versorgen sich übrigens selbst und essen getrennt von ihren Mitbrüdern. Im wöchentlichen Turnus ist eine von ihnen für die Zubereitung der Mahlzeiten verantwortlich. Es gibt sehr schmackhafte philippinische Speisen, davon kann ich mich bei meinen Besuchen immer wieder überzeugen.

Zweimal pro Woche arbeitet Sr. Andrea vormittags in der Waschküche. Hausarbeit fällt eben auch im Kloster an. Aber die Hausoberin achtet sehr genau darauf, dass sie und ihre Mitschwestern nicht die Rolle von Putzfrauen oder Haushälterinnen für die männlichen Klosterbewohner übernehmen, wie das in früheren Jahrzehnten in Doppelklöstern durchaus üblich war. Dazu sind die flinken Philippinas auch zu intelligent und selbstbewusst. „Da muss ich immer einmal aufpassen", lacht Sr. Andrea. Kloster Jakobsberg ist übrigens heute noch der einzige Ort in Deutschland, an dem Ordensfrauen und -männer in einem Doppelkloster zusammenleben.

Sr. Andrea Anito

An den Vormittagen ohne Waschküchendienst sowie an den Nachmittagen übernimmt Sr. Andrea den Pforten- und Telefondienst für Kloster und Bildungshaus und betreut auch den kleinen Klosterladen. Der Jakobsberg verfügt über rund 40 Gästezimmer mit 60 Betten. Das Kloster organisiert eigene Bildungsveranstaltungen, nimmt aber auch externe Gruppen auf. Zudem gibt es noch ein Jugendgästehaus. An Telefon und Pforte geht es also gelegentlich turbulent zu. Da ist nicht nur Organisationstalent und hin und wieder auch Krisenmanagement gefragt, sondern auch Geschick im Umgang mit Menschen. Die philippinische Hausoberin ist da mit ihrer Fröhlichkeit am richtigen Platz. Und diese Arbeit ist auch eine Herausforderung für ihre Deutschkenntnisse, besonders, wenn es sich um Anrufer mit rheinhessischem Zungenschlag handelt, wie Schwester Andrea lachend erzählt.

Ihr besonderes Engagement gilt einem Projekt, das sie selbst initiiert und auf den Weg gebracht hat: ein Begegnungszentrum für philippinische Mitmenschen. Nach allem, was es bisher zu tun gab, um das Leben der Schwestern auf dem Jakobsberg zur allseitigen Zufriedenheit zu organisieren, widmet sich die Hausoberin nun mit großem Einsatz ihren Landsleuten außerhalb des Klosters.

Der Anfang ist bereits vielversprechend. Mit reinen Bordmitteln und ohne finanzielle Aufwendungen haben die Schwestern ein Kontaktnetzwerk aufgebaut: Bei zufälligen Begegnungen in Geschäften, auf der Straße oder bei anderen Gelegenheiten sprechen sie, wann immer sie ihre Muttersprache hören, ihre Landsleute an und laden sie zum Gottesdienst auf den Jakobsberg ein. Über 80 Prozent der philippinischen Bevölkerung sind katholisch und besuchen regelmäßig die Messe.

Sr. Andreas Idee trägt ziemlich rasch Früchte. Schon an den Sonntagen nach den ersten Kontaktaufnahmen kommen einige philippinische Landsleute zum Jakobsberg. Nach dem Gottesdienst laden die Ordensfrauen sie zu sich ins Schwesternhaus ein. Man trinkt zusammen Tee, erzählt von der Familie und der eigenen Lebenssituation.

Die im Rhein-Main-Gebiet lebenden Philippinos bilden ein Netzwerk; man kennt sich untereinander und tauscht sich aus. So spricht sich sehr rasch herum, dass auf dem Jakobsberg philippinische Schwestern leben, die Kontakt zu ihren Landsleuten aufnehmen möchten. Die Ordensfrauen betreiben keine kostspielige Werbung, sondern bauen auf das, was altbewährt ist: Mundpropaganda.

„Wir können selbst nicht jedes Haus besuchen, deshalb wollen wir dieses Kloster zu einem Treffpunkt machen", sagt Sr. Andrea.

Den ersten Besuchern folgen weitere, und regelmäßig findet man sich im Schwesternhaus zusammen. Je öfter die Menschen kommen, desto enger wird der Kontakt zu den Schwestern. Das Zutrauen wächst, und so entwickelt sich der philippinische Konvent auch zu einer Anlaufstelle bei Problemen. Während der Woche gibt es viele Telefonate, am Wochenende kommen die Philippinos dann selbst zum Jakobsberg: „Unsere Landsleute kommen inzwischen sowohl zu Einzelgesprächen als auch mit der Familie, wenn sie Rat und Unterstützung brauchen", erzählt Sr. Andrea. „Viele haben Heimweh oder familiäre Schwierigkeiten. Manchmal ist es nur wichtig, dass jemand zuhört." Durch ihre Ausbildung in Geistlicher Begleitung und durch ihre früheren Aufgaben in der Gemeindearbeit auf den Philippinen hat Sr. Andrea Erfahrung in Gesprächsbegleitung: „Wir Schwestern hier versuchen, den Menschen Kraft zu geben."

Sr. Andrea Anito

Sehr oft ist auch praktische Hilfe vonnöten. Die Schwestern organisieren unter anderem Arzttermine, Behördengänge oder sorgen dafür, dass Kranke unterstützt werden. Beispielsweise haben sie gerade bei einer an Krebs erkrankten Philippina dafür gesorgt, dass sie regelmäßig kostenlose Hilfe im Haushalt hat. Philippinische Rentner haben diese Aufgabe übernommen. „Wir können nicht überall selbst vor Ort sein, denn wir haben hier im Kloster auch unsere Aufgaben. Aber wir organisieren Hilfe", sagt Sr. Andrea.

Das von den Schwestern aufgebaute Netzwerk wächst und wächst. Inzwischen kommen ihre philippinischen Landsleute nicht nur aus dem Rhein-Main-Gebiet, sondern zum Teil auch von weiter her: aus dem Ruhrgebiet, aus Fulda oder Koblenz beispielsweise. Einmal im Jahr laden die Ordensfrauen zu einem Fest auf den Jakobsberg ein. Rund 100 Besucher kamen beim letzten Mal. Organisiert haben die Ordensfrauen diese Feier wiederum mit bewährten Bordmitteln: Bekannt gemacht haben sie den Termin durch Mundpropaganda. Jeder brachte etwas zu essen mit und half tatkräftig vor Ort. Nach einem spirituellen Impuls durch die Schwester saß man den ganzen Tag zusammen, plauderte, lachte und sang gemeinsam.

So lernen die in Deutschland lebenden Philippinos nicht nur die Schwestern kennen, sondern können auch neue Kontakte unter-einander knüpfen. Die meisten Landsleute, zu denen die Schwestern Kontakt haben, sind mit Deutschen verheiratete Philippinas. Sie arbeiten vielfach in Pflegeberufen in Krankenhäusern und Alten-heimen. Sr. Andrea überlegt auch, Beziehungen zu philippinischen Prostituierten aufzubauen. Sie weiß, es gibt im Rhein-Main-Gebiet einige dieser Frauen, die für ihre Unterstützung dankbar wären. Da sie zum Teil illegal in Deutschland leben, ist die Kontaktaufnahme nicht ganz einfach. Aber Sr. Andrea hat schon einige Ideen, wie sie das bewerkstelligen könnte; im Moment fehlen den Schwestern allerdings die Kapazitäten dafür.

Bei allem Einsatz für ihre Landsleute außerhalb des Klosters ist die Oberin darauf bedacht, dass es in ihrer Gemeinschaft keinen Sand im Getriebe gibt: „Natürlich gibt es unter uns Schwestern auch Probleme und manchmal Streit. Dann ärgern wir uns auch. Aber wir sprechen darüber, und bis jetzt funktioniert es ganz gut, Gott sei Dank." Eine ihrer Mitschwestern der ersten Stunde ist wieder abgereist, weil sie nicht mehr in der Küche arbeiten wollte. „Wenn neue Schwestern herkommen, müssen sie schon wissen, was unsere Aufgaben sind, und bereit dafür sein. Denn es ist für eine Gemeinschaft immer ein Neuanfang, wenn eine neue Mitschwester kommt. Und es ist auch eine Investition, denn sie müssen Deutschkurse machen. Sie können nicht nach Deutschland kommen, um Urlaub zu machen, sondern im Gegenteil. Ich sage deshalb den Mitschwestern sehr eindringlich, dass sie offen sein müssen. Wenn sie sich hier allerdings überhaupt nicht wohl fühlen, müssen sie auch nicht bleiben. Dann spreche ich mit der Generaloberin auf den Philippinen."

Die quirlige Hausoberin wird auch manchmal ausgebremst, wenn sie ihre vielen Ideen zu rasch umsetzen möchte: „Ich habe so viele Ideen, aber nicht immer Erfolg bei meinen Mitschwestern. Sie stimmen nicht immer zu." Ihre Erfahrung im Umgang mit Menschen kommt Sr. Andrea bei solchen Auseinandersetzungen stets zugute.

Sr. Andrea ist eine Wanderin zwischen den Welten. Ihre Aufgaben als Ordensfrau haben es mit sich gebracht, dass sie auf verschiedenen Kontinenten zu Hause war. Dass sie immer wieder einen Neuanfang in einem neuen Kulturkreis mit neuen Menschen machte – so, wie sie es sich nie hätte träumen lassen und es in ihrem früheren Beruf als Chemieingenieurin vermutlich auch nie geschafft hätte.

Sr. Andrea Anito

Anita Anito, das Nesthäkchen (vorne Mitte), im Kreis ihrer Familie

Die Ordensfrau wird 1960 als siebtes Kind einer Bauernfamilie in der Nähe der philippinischen Millionenstadt Davao geboren und auf den Namen Anita getauft. In Kombination mit ihrem Nachnamen ergibt dies ein schönes Wortspiel: Anita Anito.
Anita ist das Nesthäkchen und Mamas Liebling, wie sie erzählt. Die Familie ist sehr fromm, die nächste Kirche aber sehr weit entfernt. Ein Priester kommt nur ein- bis zweimal im Jahr, um dort mit der Gemeinde den Gottesdienst zu feiern. Aber die Familie achtet

sehr auf die religiöse Erziehung ihrer Kinder. Um 18 Uhr müssen alle zu Hause sein, um gemeinsam das Angelusgebet zu sprechen und anschließend den Rosenkranz zu beten. Morgens müssen die Kinder um 5 Uhr aufstehen, um mit der Großmutter ebenfalls den Rosenkranz zu beten, bevor sie in die Schule gehen.

Anita ist ein intelligentes, begabtes Kind. Die Eltern sparen heftig, um ihrer Tochter eine weiterführende Schule und ein Studium zu ermöglichen. Als Einzige in der Familie studiert Anita und wird Chemieingenieurin. Nach dem Abschluss findet sie rasch eine Stelle in der Entwicklungsabteilung eines Unternehmens in Davao, das Kokosöl herstellt.

Wie viele junge Frauen ihres Alters träumt sie davon, zu heiraten und Kinder zu haben. Allerdings hat sie den richtigen Partner noch nicht gefunden. Mit 25 entdeckt sie im Vorbeigehen an einem Gebäude in Davao die Aufschrift: „Benedictine Sisters of the Eucharistic King" – Benediktinische Schwestern des Eucharistischen Königs.

Bis zu diesem Zeitpunkt hat sie sich nie für ein Kloster interessiert. Plötzlich ist sie neugierig, die Schwestern kennen zu lernen. Sie geht zum nächsten Informationsabend. Dort erzählen die Benediktinerinnen von ihren Aufgaben und ihrer Lebensform. Diese Berichte bleiben bei Anita nicht ohne Folgen. Einen Monat später gibt es einen Gebetsabend und die Möglichkeit zu Einzelgesprächen. Anita geht erneut hin. Die Oberin des Klosters spricht sie an, ob sie nicht Interesse hätte, in das Kloster einzutreten. Die Voraussetzungen dafür schrecken Anita allerdings ab: Sie hätte nicht nur eine komplette Aussteuer, sondern auch einen Betrag von rund 300 Euro mitbringen müssen. Das ist viel Geld für philippinische Verhältnisse, Geld, das Anita nicht hat, weil sie mit ihrem Gehalt auch ihre Eltern unterstützt.

Sr. Andrea Anito

Der Gedanke an einen Weg ins Kloster lässt sie aber nicht mehr los. Bei einem weiteren Gespräch wird ihr das Eintrittsgeld erlassen. So kommt Anita Anito im März 1985 für eine zweimonatige Probezeit ins Kloster – und bleibt.

Eltern und Geschwister beklagen diesen Schritt, schließlich hat die Familie zusammengelegt, um Anita das Studium zu ermöglichen, und nun wird sie ihre Fachkenntnisse nicht mehr anwenden können. Außerdem befürchtet die Mutter, dass sie sich nicht mehr wiedersehen können, aber sie sagt auch: „Ich weiß, dass du nicht dort bleiben wirst, dafür bist du zu selbstbewusst."

Die Anfangszeit im Kloster ist nicht einfach. Was ihr zu schaffen macht, ist, dass die Oberin zu ihr sagt: „Du musst deine Ausbildung von draußen vergessen." Stattdessen muss sie sich in der Postulatszeit, den ersten beiden Klosterjahren, um die Hühner kümmern und Arbeiten auf dem Feld und im Garten verrichten und darf das Kloster nicht verlassen. Eine schwere Zeit für die kontaktfreudige Jungschwester. Aber Anita bleibt, trotz aller Widrigkeiten. Sie erhält den Ordensnamen Andrea.

Nach der ewigen Profess, der endgültigen Aufnahme in die Klostergemeinschaft, erhält sie Aufgaben außerhalb des Klosters. Sie wird im Laufe der nächsten Jahrzehnte so weit wegkommen, wie sie es sich wohl nie hätte träumen lassen.

Zunächst wird sie von ihrem Bistum entsandt, um 31 Pfarreien zu betreuen. Sie plant, organisiert und koordiniert Projekte für Jugendliche. Sie entwickelt Betreuungs- und Bildungsprogramme und verschafft sich bei regelmäßigen Besuchen vor Ort ein Bild über den Stand der Dinge.

Nach sechs Jahren wird sie in ihr Kloster zurückberufen und erhält eine neue Aufgabe als Gastschwester. Im Rahmen dieser Tätigkeit betreut sie Schülergruppen und kümmert sich um Besucher, die zu Exerzitien oder Besinnungstagen ins Kloster kommen. Regelmäßig

Sr. Andrea Anito bei der Papstaudienz in Rom 2004

leitet sie auch selbst Kurse. Die Arbeit macht ihr großen Spaß, weil sie sehr viel Kontakt zu Menschen hat.

Aber auch diese Aufgabe ist nicht von Dauer. Nach zwei Jahren wird Sr. Andrea zur Novizenmeisterin ihres Klosters ernannt und ist damit für die Ausbildung der neu eingetretenen Schwestern zuständig. Für wiederum zwei Jahre widmet sie sich dieser wichtigen Tätigkeit. Dann kommt ein weiterer Ruf auf sie zu.

Sr. Andrea Anito

Diesmal erwartet sie kein neuer Ort auf den Philippinen, sondern eine Reise auf einen anderen Kontinent. Sr. Andrea wird nach Israel gesandt, als Oberin der Schwesterngemeinschaft im Kloster Tabgha am See Genezareth.

Neuer Ort, neues Aufgabenfeld. Im Heiligen Land erledigt Sr. Andrea Büroarbeiten, organisiert Messen, kümmert sich um die Pilgergruppen. Nebenan lebt eine Gemeinschaft von deutschen Benediktinern. Die Gebetszeiten halten Nonnen und Mönche gemeinsam, ansonsten führen die Konvente ein getrenntes Leben. Sie verständigen sich auf Englisch untereinander, allerdings werden während des Chorgebets auch Texte auf Deutsch gesprochen und gesungen. So kommt Sr. Andrea erstmals mit der deutschen Sprache in Berührung.

Vier Jahre bleibt sie in Israel, von 2000 bis 2004, und wäre gerne länger geblieben, aber dann wird sie abberufen: „Ich fand das sehr schade, aber ich musste folgen, denn das ist unser Gehorsam."

Ihre Oberin aus Davao schickt Sr. Andrea zur Fortbildung nach Rom. Andrea soll dort an der Benediktineruniversität San Anselmo studieren.

Neuer Ort, neue Sprache. Zunächst muss die Benediktinerin Italienisch lernen. Sie absolviert einen zweimonatigen Sprachkurs in Assisi und ist mit Elan bei der Sache: „Andere Sprachen lernen zu können, ist für mich eine große Freude."

In Rom studiert Sr. Andrea von 2004 bis 2006. Sie vertieft unter anderem ihre Kenntnisse in monastischen Themen und in der Beschäftigung mit der Regel Benedikts. Untergebracht ist sie in diesen Jahren bei einer Schwesterngemeinschaft in der Nähe des Vatikans. „Das Studium in San Anselmo war interessant, aber nicht einfach. Ich lernte dort Ordensleute aus vielen Ländern kennen, zu denen ich zum Teil noch heute Kontakt habe."

Eigentlich ist geplant, dass Sr. Andrea nach ihrem Rom-Aufenthalt auf die Philippinen zurückkehrt. Aber es kommt, wie oft in ihrem Leben, ganz anders. Kurz vor ihrer Heimreise erhält sie eine E-Mail ihrer Oberin, in der diese sie bittet, nach Belgien zu gehen. In Brügge gibt es einen Konvent von sechs sehr betagten belgischen Schwestern, die ohne Hilfe von außen nicht mehr allein leben können. Da es das einzige Kloster in der Stadt ist, hat der Bischof von Brügge Unterstützung erbeten, sonst müsste das Kloster geschlossen werden.

Andrea geht nach Brügge. Mit ihr kommen drei weitere Schwestern von den Philippinen, um die alten Nonnen zu betreuen.
Neues Land, neue Sprache. Sr. Andrea erhält Flämischunterricht. Sie führt im Kloster den Haushalt und betreut nebenher auch noch die philippinische Gemeinde in Brügge: „Ich bin immer wieder von einem Ort zum anderen geschickt worden. Ich hätte auch einmal Nein sagen können. Aber ich finde, das ist eine große Gelegenheit für mich, das mache ich mit Freude." Was ihr die vielen Ortswechsel ein wenig erleichtert, beschreibt Sr. Andrea so: „Der Vorteil für mich ist ja, dass ich immer in eine Gemeinschaft geschickt werde, und da bin ich nicht allein."
Und so folgt Sr. Andrea 2008 auch dem Ruf nach Deutschland, nachdem sie zwei Jahre in Brügge verbracht hat. Eigentlich wäre auch diesmal geplant gewesen, dass sie auf die Philippinen zurückgeht. Aber erneut erhält sie eine Mail ihrer Oberin, doch einen anderen Ortswechsel vorzunehmen. Auf Initiative von Pater Aurelian Feser, dem damaligen Prior im Kloster Jakobsberg, soll dort ein neuer Frauenkonvent begründet und angesiedelt werden.
Mit zunächst zwei, inzwischen drei Mitschwestern aus den Philippinen zieht sie ins Kloster Jakobsberg. Und wird Gründungsoberin der neuen Frauengemeinschaft.

Sr. Andrea Anito

Anderes Land, neue Sprache. Wie lange wird es wohl mit
Sr. Andrea so weitergehen? „Solange ich es machen kann, gehe
ich dahin, wo man mich hinschickt. Aber momentan ist mein Platz
hier. Das muss sich erst noch festigen, und ich habe hier noch viel
vor", sagt sie lachend.

Bildnachweis

Buchveröffentlichungen von Dr. Petra Altmann

Heilfasten nach der Klostermethode, Mosaik bei Goldmann, München 2008

Atem holen im Kloster, St. Ulrich, Augsburg, 2. Auflage 2011

Wohlfühltipps aus dem Kloster, Don Bosco, München, 2. Aufl. 2009

Die Kraft der Klosterkräuter – mit Schwester Fidelis Happach, Don Bosco, München, 2. Aufl. 2010

klarheit, ordnung, stille – Was wir vom Leben im Kloster lernen können – mit Pater Anselm Grün, Gräfe und Unzer, München 2007

klarheit, ordnung, stille – Audiobook – von und mit Pater Anselm Grün und Petra Altmann, Hoffmann und Campe, Hamburg 2008

Oasen für jeden Tag, Don Bosco, München 2008

Gesunde Ernährung aus dem Kloster, Don Bosco, München 2008

Wie Mönche und Nonnen leben, Vier-Türme-Verlag, Münsterschwarzach 2009

Leben nach Maß – mit Abt Odilo Lechner, Herder, Freiburg 2009

Backen in der Klostertradition, Don Bosco, München 2009

Lebe wertvoll & gut – Ein Wertekompass für alle Tage, Don Bosco, München 2010

Aufbruch in die Stille, Herder, Freiburg 2010

Vom Wert der Werte, Präsenz, Hünfelden 2010

101 Fragen – Orden und Klosterleben, C. H. Beck, München 2011

Das ABC der Dankbarkeit, Herder, Freiburg 2011

Abstand vom Alltag, St. Ulrich, Augsburg 2011

Weisheit aus der Stille, Herder, Freiburg 2011